さよなら、お母さん

墓守娘が決断する時

信田さよ子

本書は二〇一一年一〇月、春秋社より刊行された『さよなら、お母さん　墓守娘が決断する時』に加筆修正を加えたものです。

さよなら、お母さん　墓守娘が決断する時　目次

さよなら、お母さん　墓守娘が決断する時

プロローグ――非常時にのぞく家族の現実

震災後の様相

二〇一一年三月一一日、東京・原宿の仕事場でこれまでにない揺れを感じた私は、三時からカウンセリングをする予定のクライエントやスタッフとともにビルの正面にある山手線沿いの小さな公園に逃げた。のちに多くのひとの「あの瞬間」の体験記を読むと、生まれて初めての揺れでもうこれで死ぬのかと思ったと書かれているが、私も同じ気持ちだった。

その後も何度も大きな揺れがおそい、計三回公園に避難したことになる。公園に植わっているケヤキや桜の樹が風もないのに大きく揺れ、電線や足元の地面が揺れた。明治通り沿いの高いビルはまるで風にそよぐ細い枝のように左右にしなっている。船酔いのような感覚におそわれながらとにかく周囲の光景を、必死で観察した。まるでそうすることで自分の位置を確認するかのように。大変なことになるのかもしれないと思ったのはかなり後で、命の危険を感じてただただ公園で身をすくめていたのだった。

周囲に大勢のひとがいることがこれほど安心感を与えるものだということも初めて知った。ふだんは姿が見えないが、ずいぶん多くの若い男女が近隣のビルで仕事をしていることも再認識した。災害のもたらす一蓮托生の連帯感というより、おおぜいがひとつの公園に肩を寄せ合う状況がもたらす安心感だったように思う。

ビルの隣に戸建てが一軒だけ残っているのだが、そこの住人である八〇歳を過ぎた女性は避難しながらもさすがに落ち着き払い、公園に集まったおおぜいのひとを眺めながら「こんなに若い男のひとがいるんじゃ安心だわ」とつぶやいた。

それから一週間ほどの記憶は、あいまいなままである。手帳の記録をたどってみると、翌日から仕事をこなしグループカウンセリングも実施していたはずなのに、どこか夢を見ていたように時が流れていた。いや、夢というのは正確ではない。現実感がなくきれぎれに思い出すことしかできないのだ。自宅の居間にいるあいだは、まるで空っぽな筒の中に刺激が無抵抗のまま注ぎ込まれるように、テレビで流される津波の光景を茫然と眺めていた。

そして、まったく文章が書けなくなった。依頼原稿の数々をこなさなければと思いながら、パソコンに向かうとキーボードを叩く指が動かなくなる。そもそも頭の中に文章が浮かんでこない。書斎の椅子に腰かけたままPCを立ち上げる気力もない。

大きな災害が起きた時には報道によって提供される情報を無制限に取り入れてはいけない。これは惨事ストレスに対処する時のひとつの原則である。そんな言葉が頭の片すみにあったので、私はDVDレンタルショップに行き、映画を借りた。いったい何本見たのか覚えていないほど、返却しては新たに借りる事を繰り返した。アクションものやSFを少なくとも五本は借りたはずだ。これも不思議なのだが、それらの題名をまったく思い出せないのだ。たしかに最後まで見てそこそこ面白かったはずなのに、まるで顔のない人形のように個々の映画の内容は消失しており、唯一くっきりとした記憶はひとどおりの絶えた街中にあるレンタルショップの混雑ぶりだけだ。受付にずらりと並んだひとたちは一様に思いつめたような表情をしていた。

3・11がもたらしたもの

私は日常生活の大半をカウンセラーとして費やしており、原宿という若者が全国から集まる地で仕事をしている。

竹下通り、表参道、裏原宿とアメーバのように触手を伸ばして広がっていく原宿の街は、三六五日ひとどおりが絶えることはない。ところが震災の後、若者の姿が消えた。ガランとした表参道には車の影も少なく、いつも若者でいっぱいの最先端のショップには客の姿はなかった。今から思えばそのころすでに福島原発ではメルトダウンが起きていたのだが、広々とした表参道に立って見上げた空は青く澄んでいた。

計画停電が発表され、電車の本数も削られたため、職場のスタッフは原宿までたどりつくのに大きな負担を強いられた。中にはいくつもの線を乗り継がなければ出勤できないひともいた。

クライエントの一部からは、原宿までたどりつけるかどうか、帰路の電車の運行はどうかといった不安からカウンセリングの予約をキャンセルしたいと電話が入った。もちろん時間どおりにやってくるクライエントもいたが、新規の予約はぱったりと止まった。開業カウンセリング機関は新規来談のクライエントがいなくなればそのまま経営状態が悪化することになる。いつまでこんな状態が続くのだろう、はたして震災以前の状態に戻ることがあるのだろうか、このまま日本経済の衰退が加速すればカウンセリングにお金を使うひとなどいなくなってしまうのではないか。予約表が埋まらず空白の欄が増えるのを眺めながら、大きな不安におそわれた。

それに加えていっこうに安定化しない原子力発電所の状況や、増え続ける死者・不明者の数、電力供給の見通しのなさが、私ばかりでなくスタッフ全員に重くのしかかった。いつもの手作り弁当を買ってきて昼食を食べながら、私たちには暗黙のうちに確認しあったことがある。

中年夫婦とバイトの三人で作られるそのお弁当は、六五〇円の定価にもかかわらず、細やかで薄味のおかずが五種類も入っている。震災以後も一切質の低下はなくおいしいままであることが、ほとんど唯一の救いのように思われた。戒厳令下のようなゴーストタウン化した原宿の街にあって、変わらず温かいお弁当を作り続けることの意味。美しいリアス式海岸の風景が瓦礫《がれき》の山と化してしまった時に、それ以前と変わらずに咲く梅の花の美しさ。

私たちは、カウンセラーとして3・11以前と変わらない状態を維持していこう。あの大惨事をなかったことにせず、クライエントのひとたちに提供するカウンセリングの質を維持していこう。それが最低限のプロとしての条件なのだと思ったのだ。

しかし、原稿が書けないことに変わりはなかった。仕事が終わって帰宅し、夕食や家事を済ませてからPCの前に座るのは一一時近くである。その生活は変わらないのだが何も書けない。転んでもただでは起きないというどんづまりの人生訓を後生大事にしてきたのだが、ぼんやりとネット上の画面を眺めながら頭の中ではさまざまな思いが去来するばかりだった。

いったいなぜだろう、なぜ私はこの時期何も書くことができなくなってしまったのだろう。一〇〇年、いや一〇〇〇年に一度という大きな災害に遭った経験をなんとか言語化したいのに、なぜ言葉が出てこないのだろう。

足元があのように揺らいでしまった。そのことで、何かが失われたのだろうか。昨日と同じように今日があり、明日も、来週も続いていくだろうという確かさが埋め込まれていた地面が揺れた。そして液状化して地中から何かが飛び出てきた。いったい何が今の私たちを支えてくれるのだろう。このPCの電源であるエネルギー、部屋を照らす照明、そして仕事場まで私を連れて行く正確に運行される電車、安心して飲める水、思いきり深呼吸できる空気……。当たり前のように存在していたそれらのすべてが異なる相貌へと変わってしまった。

メディアにあふれるメッセージ

しばらく時が流れてから振り返ってみないと言葉にならないことがある。3・11後三カ月を迎えてやっと見えてきたことがある。あの時に私が考えていたこと、なぜ書くことができなかったのかの理由をいくつか挙げてみることにする。

ひとつは、その後多くの媒体にさまざまな書き手たちによって書かれたことと共通している。テレビの画面を通して、津波に木の葉のように家や車が呑みこまれていく光景を見たが、あの圧倒的現実を前にして、自分の書くもの、表現するものに意味などあるのだろうかという感覚におそわれたのだ。

津波に呑まれてあっという間に命を絶たれたひとと、助かったひととを分かつもの。そして東京という地にあって、ライフラインがいちおう保たれた状態にある私と被災地のひとたちを分かつもの。運命とも言えず、事故とも言えず、ただ巨大な偶有性としか言いようのないものの力に圧倒されていたのだと思う。書くということ、何かを表現することは、真空状態に向けられているわけではない。受け手、それを必要とするひとたちを前提にしなければ、少なくとも私には不可能である。もう私の書くものは必要とされないかもしれないし、そもそも言葉の力などはあの津波にくらべれば吹けば飛んでしまうに違いない。そう思われたのである。

そこからもうひとつの理由が出てくる。これまでずっと私が取り組んできたのは家族の問題、とりわけ親子、母と娘の関係だった。ところが震災後のメディアや街角に蔓延《まんえん》する空気から、この時期に家族の問題について発言することはまずい、と皮膚感覚で理解するようになった。私にすれば大きな逆風であった。「母が重くてたまらない」と語ることは、日本中を覆っている大河のような流れに反するように思われたのだ。

テレビでは一般企業のＣＭが「自粛」され、民間の広告ネットワークによるＣＭが流された。「ずっといっしょだよ」や「こどもに、あなたの手当てを」というフレーズとともに映し出されたのが、大人と子どもが手をつなぐ映像である。

安心できる最終的基地の表象は家族であるというステレオタイプがあれほど如実に表れたCMはないだろう。それが数えきれない回数、悲惨な津波被害の映像の合間に流されることで、日本中の膨大な人々に与える、決してバーチャルではない直接的なメッセージ効果ははかりしれなかっただろう。

震災後に家族の絆が再発見され、家族の大切さが再確認された。今こそ家族はまとまり絆を強めよう。困った時もっとも頼りになるのが家族であり、最後はやっぱり家族しかいない。

こんな言説が多くのひとに肯定的に受け止められ、そのとおりだと思われているとすれば、私がこれまで書いてきたことは撥《は》ねのけられてしまうだろう。

津波に呑まれた夫の遺体を見て呆然として涙も出ない妻、とりあえず家族の無事だけは確認しましたと両腕で妻子を抱えるようにして涙ぐむ男性。テレビで映し出される数々の映像を見ながら、実は私も涙を流してしまったのだ。「ひょっとして家族ってみんなこんなに仲がよかったのかもしれない」と考えながら。

それ以外にもこれまでにない言葉が日本中にあふれた。「ニッポンはひとつ」「みんな仲間」「絆を大切に」「がんばろうニッポン!」「ニッポンは強い国」といった数々のメッセージがサッカー選手やタレントによって伝えられた。

YouTubeでは、もっと直接的で長いメッセージを見ることができた。演技派で知られたある俳優が「日本という国は本当に選ばれた国だと思っています、神の国であると」と涙ぐみながら訴えていたのには驚いた。彼がそんな状態に陥ったのもわからなくはない。福島原発の深刻な事態を知るにつけ、多くのひとが成田や羽田から脱出したように私も一瞬だけど「逃げたい」と思った。その時、そんな私を押しとどめたものは、正直に告白するが「天皇が皇居にいる限り、大丈夫かも」という考えだった。ふだんから天皇を崇拝しているわけでもない私のこころに、不思議なことにその言葉が湧いたのだ。だから、彼が泣きながら「神の国」と発言したこともまんざら理解不能ではない。

それによく見れば、それらの言葉は戦時中の報道のすぐ近くにある。福島原発について定期的に記者会見する枝野官房長官の「ただちに人体に影響はありません」という発言は、日本軍の戦況不利を決して認めなかった大本営発表と酷似してはいなかっただろうか。

不幸くらべ

そんな私だったが、やっと本書の執筆に取り掛かることができるようになった。それまでに三カ月近くかかったことになる。

ただ時間が経つだけで変化するものもあるだろう。東京は照明こそ暗いものの、表向きは活気を取り戻し、新宿歌舞伎町あたりは夜の一時をすぎても雑踏は絶えない。原宿の街も震災前とまではいかないが、若者たちがカップルで歩く姿が戻った。あたかも自然治癒していくかのように、これからも長く続く震災の影響を抱えながらも日常を取り戻すエネルギーを感じられるようになった。

しかし何より大きかったのはやはりクライエントのひとたちとのかかわりだった。カウンセリングにやって来るさまざまな問題を抱えた本人、そして家族の中には、震災によって一時的に事態が好転したひともいた。

「あの被災地のひとたちの惨状を知るたびに、私みたいにこんな個人的で小さなことにこだわっていてはいけないんじゃないかと思ったんです」

「こんな人間にもなんかできることがあるんじゃないでしょうか。テレビ見てて、なんか力になりたいって感じました」

これらが、そのひとたちの代表的発言である。たいしたことじゃないと自らの問題を考えることで、引きこもりがちだったのが外出できるようになったり、摂食障害の症状が軽くなったひともいたのだ。

自らの個人的不幸と被災者の不幸を比較して、自分はたいしたことがない、我慢しなければならないと判断することは珍しくはない。カウンセリングに来るひとたちの多くは「私みたいなこんなたいしたことのない問題でカウンセリングの時間をとってもらっていいんでしょうか」「私みたいな経験をDV被害って呼んでいいんでしょうか」と言うが、これも同じ思考法だろう。

不幸とはきわめて個人的で主観的なものであることは言うまでもない。不幸を痛みと言い換えてみよう。小指の先の痛み、手術後の痛み、親知らずを抜歯した痛みを比較するのは、小指の痛みはたいしたことがないと軽視することにつながる。耐えられない痛みとの比較や序列化は、今抱えている痛みを否認してなかったものとするために持ち出される。それは痛みを感じる主体としての個人をないがしろにし、時には否定する行為ではないだろうか。

しかし震災後社会に蔓延したのは、無数の不幸の比較であった。そして、「うつ状態で苦しい」などと不幸の表出を堂々と行う他者を厳しくバッシングする行為だった。不幸や痛みの表出は、常に被災者との比較の上でなければ許容されなかった。特にネット上では、悪意としか言いようのないいじめそのもののバッシングが、「被災者のことを考えろ」「よくもそんな思いあがった意見が言えるな」などという言葉や態度で、被災者ではないひとによって行われた。これを一歩進めると、こんな時期に居酒屋で飲むなんて、デパートで買い物するなんて不謹慎ではないかという、あの自粛の強制につながっていくだろう。

そのような不幸の比較を目にするたびに嫌悪をおぼえたが、現実にはそれによって自けらの状態を否定し奮い立たせることで回復に向かったクライエントもいたことを認めなければならない。

さて、震災で一時的に好転したひとには、もうひとつのタイプが存在する。震災前はうつ状態で引きこもり気味だったクライエントが、震災後打って変わったように活発になり、自分より不幸（と思える）なひとを励ましたり元気づけたりするようになった。表向きは助けの手を差し伸べる望ましい行為なのだが、その背景にはある種の優越感が存在している。大いなる不幸が発生したとたんに自らの立ち位置が相対的に優位となり、その落差・力の差を自覚することが本人にパワーを与えるのだ。

これはしばしば母娘のあいだにも起きることである。たとえば、母親が娘のめんどうをみながら「あなたはママがいないと何もできないのよ」と言ってどんどん元気になるように、相手を援助するという名目で弱者を助け、相手の劣位を利用してパワーを獲得するのだ。

抑うつ状態にあってなかなか外出できなかったひとが、被災地向けの物資の仕分けのボランティアに毎日参加したり、アルコール依存だったひとが酒をやめて毎週末、車で被災地の汚泥処理に出かけるようになる。いずれも生き生きとしてこれまでになくパワフルなので、驚いてしまうほどだ。このように震災を契機にこれまでの問題が好転したケースは数多く見られた。

震災後のクライエントに見られた二つの類型は、被災者との比較で自分を責めたり時には自信を得たり、他者を援助して元気になるという違いはあるが、いずれも他人の悲劇を利用して回復していくことに変わりはない。しかしこれを批判することはできない。どのような動機であれ、カウンセリングにおいては効果こそが重要なのであるから。

しかし、繰り返しになるが、本来、痛みや苦痛、不幸といった本人にとって望ましくないけれど避けがたい「主観」を他者のそれと比較することはできないのではないだろうか。「痛み」「不幸」といった共通の言葉で表現することで、あたかもそれが可能であるかのように錯覚しているだけではないだろうか。カウンセリングの経験から思うのは、痛み・不幸こそ個人の尊厳であり、個人の尊重であり、ひととして存立する基盤の一部だということだ。なぜなら、比較すれば自分より不幸なひとはさらなる弱者となり、相対的に自分は強者となる。そして自分より不幸なひとの存在を前にすると、不幸感に打ちひしがれている自分を否定し責めるか、このひとよりましという優位性を獲得することになる。こうして不幸の比較（主観の比較）は、自責・自己否定の堂々巡りになるか、パワーを与えられ権力を帯びるかのいずれかになる。

少なくとも私は今回の震災において、不幸の比較はしなかった。いや、被災地のひとたちにくらべれば……という定型句を思い浮かべることはなかった。いや、そうしないように努力したのかもしれない。激甚災害が起きた時にしばしば生まれる感動的ドラマの多くは、残念ながら、目を凝らしてみればこのような不幸の比較によって生じていることが実に多い。

非常時に問題があらわになる

さて、震災を契機に力を獲得して回復していくひとばかりではない。むしろこれまでの問題がよりいっそう先鋭化するひともいた。数からみれば後者のほうが多かったと思う。本書のテーマである母と娘の関係も、多くの場合、おそらく震災後よりいっそう厳しくなっているのではないだろうか。おそらくDV（ドメスティック・バイオレンス）も、虐待も同じだろう。

ある批評家が述べていた言葉が印象に残っている……震災によって何かが新しくなることはほとんど期待できない。むしろこれまであった問題、伏流していた問題が顕在化することになるだろう……。私はこの言葉に深く同意する。そして再び母と娘の関係について書こうと思えたのはカウンセリングの現場でもそう確信できたからである。

三陸海岸の某市に住んでいる三五歳のA子さんはやっと開通した東北新幹線に乗って上京し、私に現状を語ってくれた。

彼女は幼少時から、食べ物を与えられない、病気で寝ていても病院に連れていってもらえない、といった虐待を実母から受けてきた。父親は若いころは近隣で一番の美男子と言われたが、生家は貧しく漁業でなんとか生計を立てていたために、母親と見合い結婚し実質的に入り婿状態となった。

家業の荒物屋は明治以来続いた老舗で、贈答品なども手広く手掛けていた。父親は経営にあまり権限を持たせてもらえず、祖父母と母が実質経営を牛耳っていた。

その不満を父は浮気ではらすかのように、水産業の町特有の飲食店街に入り浸った。DVこそなかったが父は母につらくあたり、両親は口論が絶えない。そんな環境と母からの虐待の中で育った彼女に弟が生まれた。母は弟を溺愛し、あからさまな差別をした。弟は姉を幼いころからバカにし、物を投げたり、小学校に入ると暴力をふるったりした。

ある日四〇度近くの熱があり、学校を休んでいる彼女のところに祖父がやってきた。驚いた祖父はA子さんを病院に連れて行った。うすうす自分の娘からひどい仕打ちを受けていることを知っていたが、祖父は孫の命が危ないと知ってあずかることにした。

こうして彼女は生き長らえ、中学卒業まで実家を離れて成長した。ところが、相次いで祖父母が亡くなり、彼女は再び実家に戻ることになった。

弟からの暴力、母からの暴言・罵倒は再開され、父親も母から女性関係を叱責されそうになると長女である彼女を差し出した。怒りの矛先が娘に向かうようにし向けるのだ。

「あらゆる家族の問題や不幸はあんたがいるから起きる」、という母親の主張に弟も父親も反論はしなかった。

高校時代、成績優秀だった彼女は、弟からの陰湿な嫉妬の対象となり、制服を破られたり、シャープペンシルを折られたりといった数々の暴力を受けた。それに加え、学校でのいじめにも遭い不登校となった。

以後、三〇歳になるまでのあいだ、彼女は家の片すみでひっそりとまるで存在しないかのように過ごした。弟は大学入学と同時に家を出たため、暴力を受けることはなくなった。無職だと世間体が悪いという母の意見で、A子さんは実家の会社の社員という肩書をもらい、わずかの給与を得ることになった。たったひとつの楽しみが祖父母の残してくれたお金で買ったPCでインターネットの世界に浸ることだった。ネット上でブログを公開し、そこで詩を書いた。パスワードで保護されたその世界だけが彼女の自由を保障してくれた。弟は大学卒業後家業を継ぎ、実家に戻ってきた。母との強力なタッグを組んでいるためか、いまだに結婚していない。

震災と津波に見舞われた時、鉄筋コンクリートの実家の店舗は浸水はしたものの、壊れることはなかった。しかし、車で外出中だった父は津波にさらわれた。

遺体が見つからないまま、三階建ての最上階にある一二畳間で三人の生活が始まった。二階までは泥で使い物にならなかったからだ。給水車に水をもらいに行くのも、非常食をもらいに行くのも、すべてA子さんの役割だった。しかし彼女にとっては自分のPCが流された後、それが唯一の救いだったという。

「先生、被災家族はみんな暴力がいっぱいです」

彼女はいつものか細い声で言った。

一二畳間で三人が暮らすのは地獄なのだ。弟はことあるごとに彼女に暴力をふるった。見えるところにあざが残らないように、髪をひっぱったり腿を蹴り上げたりした。電気が通じる前は、テレビも見られず、治安が悪いという理由から夕方以後の外出の自粛を申し合わせていたため、家で母はひたすら残された甘い菓子を食べ続け、弟はわめきながらかつてのように「お前がすべて悪いんだ」と彼女を責めた。唯一の外出の機会は食糧と水をもらいに行くときだったのだ。

長い列を作りながら女性同士で話す内容は、多くは夫の暴力だったり姑の暴言だった。並んでいる時だけが、密閉された家族から解放される時間だった。両手に重い水を下げながら、A子さんは収容所のようなあの一二畳間に戻ることを思うと、すべてが流れ去ってしまったらよかったのに、と何度も考えた。

もう一人の女性（四一歳）、B子さんは外資系製薬会社の社員である。

現在中間管理職に就いており、業績が評価されて年に数回の本社出張を任されるほどだ。今年の二月に都心の2LDKのマンションを購入し、仕事に全精力を費やそうと覚悟を決めたところに地震が起きた。彼女の実家は福島県で原発三〇キロ圏内に位置していた。

四年前に研究者だった父が病死したため母は一人暮らしをしていた。三月一二日の朝にやっと電話が通じお互いの無事を確認しあったのだが、その後原子力発電所の事故の状況が明らかになるにつれ、B子さんが何度携帯や自宅に連絡をしても通じなくなった。

震災から二日後の夜一〇時過ぎに、突然母親がたくさんの荷物を抱えてマンションにやってきた。一二日の原発の事故の報を聞いてから、近隣の知人に声をかけて五人で二台の車に分乗して持てるだけの荷物を持って東京までやってきたのだという。

B子さんは中学生以来母親からの進路をめぐる干渉に耐えられず、実家を離れたいと思うようになった。母の夢はB子さんが国家資格を取得して「自立した女性」として生きることだった。地元の高校を優秀な成績で卒業したB子さんは、母の期待どおりの人生を歩むために東京の理系の大学に進学した。進学してからは実家にはあまり戻らず母から解放されたと思っていたが、薬学の研究者になるという志望に対して母親は頑強に反対した。

父親のことを例に出し、研究職は収入が低いし男性中心の世界に違いないというのが理由だった。民間で外資系なら社風は自由だろうし、研究に見合った収入が確保されるに違いないというのだ。母が父の人生に不満を抱いていたことは痛いほどわかっていたので、B子さんは母の意見どおり現在の会社に入った。

　母は携帯メールというツールを会得してからというもの毎日のようにメールをよこすようになった。電話の時は留守電にするという方法もあったが、メールになってからは母の言葉が無差別におそってくる気がして発作的に受信拒否をしようかと思ったほどだ。

　三五歳を過ぎるまでは、もってまわった表現で結婚を勧めてきた。自立した女性であっても子どものいない人生はさみしい、こんなことは言いたくはないがやはり一度は結婚しておいたほうがいいのではないか。これらを何度聞かされたことだろう。

　近年はさすがにそれは減ったが、替わって登場したのが、それとなく自分の健康不安を匂わせて将来の介護を強制する発言だ。血糖値が高い、動脈硬化の傾向が見られる。もし一人暮らしで倒れたらいったいどうしたらいいのかしら……。弟は神戸で設計事務所に勤務し、地元の女性と結婚して子どもが二人いる。そんな弟は老後を託す存在から除外されていた。B子さんはマンション購入の際に一抹の不安を覚えたのだが、六七歳という母の年齢を考えてもあと一〇年以上は大丈夫だろうと判断し、実行に踏み切った。

　そこに、この震災が起きた。

　上京した母は、嬉々として窓際の部屋に荷物を収めた。

　それからは、帰宅すると母の手作り料理が待っているようになった。休日には母につきあって近所のデパートにでかけた。震災の影響でまだ灯火が薄暗い売り場で、母は華やいだ声で「やっぱり東京はいいわねえ」とつぶやいた。

B子さんがゆったりしているのをみはからって、地元のひとたちに対する愚痴や、努力してもなじめない土地柄への批判が始まると二時間は止まらない。果ては亡くなった夫がどれほどウダツの上がらない人生を送ったかをとうとうと述べ、そのくせ家庭では威張るばかりだった、と語るのだ。延々と話し始めて、最後の結末は「ほんとうにお父さんが亡くなってくれてよかった。それに大きい声じゃ言えないけど、こんどの地震のおかげであの土地を離れられたのよ」というところに落ち着くのだった。

最初は地震と原発事故のショックで少し母親も動揺しているのかもしれない、だからこんな抑制のきかないもの言いをするのだろうと大目に見ていたのだが、一カ月を過ぎても一向に変わらない母親を見ているとB子さんは不安になった。いったいいつまでマンションに同居しているつもりだろう、と。

思い切って会社の友人に少しだけ現在の状況を話したら、「何ぜいたく言ってるの、津波で親を亡くしたひとも多いのに、お母様が元気で同居しているだけでありがたいと思わなくっちゃ」としかられた。

別の友人は「いいじゃない、主婦がいてくれて。せいぜい利用することよ。甘えるのも親孝行じゃない？」と笑って答えるのだった。

今の自分を苦しいと思ってはいけないのではないだろうか。たしかに三月一一日午後二時四六分の地震とそれに続く巨大な津波で家や家族を流されたひとの苦悩に比べれば、こんな問題で悩むなんてぜいたくに決まっている。テレビを見ても、最後は家族の絆だという発言ばかりだ。こんな風に思うのは私がおかしいからだ。B子さんはそう考えて自分を責めた。わがままだ、なんて冷たい娘なのだろう、マンションのひと部屋を母に提供してしばらくいっしょに暮らすべきなのだ……。

そう考えながら地下鉄の駅を降り、大きな通りを横断しようとした。B子さんがふっと視線を上げるとその先に自分の買ったマンションのタワーが見えた。かすかに部屋のあかりが点いているのが見える。あそこには母親がいる、娘のために料理を五品も作り、テーブルの上に二人分整然と並べて待っている。その姿や息遣いまでを感じたとたんに、母に帰宅を告げようと携帯電話をもった手は思わず止まった。

二人の女性の体験は、おそらくひそやかな声で語られなければならないだろう。それほどまでに受け入れ難く、常識から乖離《かいり》しているからだ。語ったとたんにB子さんが受けたような批判や非難、無理解が渦巻いて言葉を封じてしまうだろう。

では、今回の震災がなければ、彼女たちの問題は生まれなかったのだろうか。こんなに多くのひとが苦しんでいるのに、自分を生んでくれた母親のことを苦しく思うのは、震災ゆえに生まれたことなのだろうか。

すでにおわかりのように、むしろ震災という巨大な出来事がきっかけになって一気にこれまで伏流していた問題が顕在化しただけなのだ。A子さんもB子さんも、母との関係にいつかは直面せざるを得なかったはずだ。とすれば、たしかに苦しく行き場がない状態にあるかもしれないが、はっきりとそれに手をつける機会が巡ってきたと考えることもできるだろう。

墓守娘と、その母たちが教えてくれたこと

非常事態によって覆いがはぎとられ、問題が顕在化するのだとすれば、日常にひそんでいるものを改めて見据える必要があるだろう。再び母と娘の関係について述べることにしよう。

二〇〇八年に出版された拙著『母が重くてたまらない――墓守娘の嘆き』（春秋社）が、正直、あれほどの反響を呼ぶとは思っていなかった。もちろん、「私、『墓守娘』なんですよ」という女性が現れることを期待してはいたが、とりたてて新しいことを書いたというつもりもなかったからだ。それほどまでに、母親との関係に苦しんでいる女性たちの姿は、カウンセラーである私にとって身近で日常的なものだった。

もちろん、本の中に登場させた女性たちは現実にモデルがいるわけではない。私がお会いした無数のクライエントを基にしながら、読者が違和感をおぼえないように表現をマイルドにして造形しなおしたつもりだった。なぜなら、もっと悲惨な娘たち、もっと残酷で強烈な母親たちが多く存在したからである。

ところが驚いたことがある。「怖くて本を手にとれなかった」「書店で題名を見たとたんに、ああ、絶対こんな本読まないと思ったが一週間迷ってやっと買った」「買ったけど、なかなか頁を繰ることができなかった」といった反応が数多く返ってきたのだ。「強烈過ぎる題名ですね」、と言われることにも慣れてしまったほどだ。題名を見ただけで、自分の何かに突き刺さると感じるひとたちがそれだけ多かったということなのだろう。「私のことだ」と思った読者だって、自分と同じようなひとがこの日本に多くいるなどとは予想もしていなかったに違いない。つまり誰にとっても想定外の事態として、膨大な数の「母が重くてたまらない」女性たちの存在が浮かびあがったということなのである。

『母が重くてたまらない』を読んでカウンセリングにやってくる女性の層を大まかに分けると、アラフォー世代と、団塊女性になる。双方とも、娘の立場からの苦しみを抱えてやってくることは言うまでもない。前者の場合は、結婚しなければ母親の介護を引き受けることになるのではないかという恐怖、後者の場合は、現実的な母の介護問題と、自分が母にされたのと同じことを自分の娘にしているのではないか、つまり世代連鎖が起きているのではないかという懸念が加わっている。そこには驚くほど男性、つまり父親の気配が感じられないのである。

カウンセリングでそんな女性たちの話を聞きながら、執筆時には思いもよらなかった新たな洞察を得ることができた。また、母娘関係をテーマに講演を依頼されることも増え、そこでの聴衆の反応から新たに見えるものもあった。

それを一言で言えば、母娘をめぐる状況は、カウンセリングにやってくる一部の「特殊な」ひとたちの問題ではなく、今の日本を生きる女性たちに共通の普遍的問題かもしれないという発見である。具体的に言えば、負け犬世代・アラフォー世代の女性と団塊母との関係性、さらに高齢化社会の進行に伴う八〇歳以上の母親と団塊娘たちの関係性がクロスして起きているという発見である。言うなれば、母娘という、男性からすればひそやかでどこか予定調和的な関係性も、社会・歴史的影響から自由ではないことを再確認させられたのである。

このような問題意識は私の中で徐々に強くなってきていたが、そこに震災が起き、母子の絆が美化され家族の絆の強調が日本社会を席巻する事態となった。そのことで家族の閉塞感が増し、先述した二人の女性のように、一層苦しみを強くしているひとたちがいるに違いない。そんな彼ら、彼女らになんらかのヒントを提示できればと思って、本書を書こうと思ったのだ。

現在・未来の母親へ向けて

前著では、一貫して娘の立場に立つことで母娘関係を読み解いてきたつもりだが、今いちど娘である彼女たちが母親になった場合を想定しなければならないと思う。また、娘や父親に対しては処方箋を示したのだが、本書では変わろうとする母親のためにも示そうと考えている。この場合の母親は、現在・未来の母親までも射程に入れている。なぜならば、母との関係をつきつめるほどに、母になった自分が娘にどのような姿を見せればいいのか、どのような言葉をかければいいのか、果ては自分自身どのように生きればいいのか、とすべてが不安になってしまうからだ。娘が思春期を迎えさまざまな衝突が起きるたびに、自分と母との関係がそこに二重写しになり混乱するだろう。娘を育てるに際して、自分がされたことはしないという否定のモデルしかない女性は、それではどうすればいいのかという指針がないのだ。

したがって本書は、広い意味で母親を対象としている。母としてのありかたを探りたい、母としての自分を知ろうというひとはもちろん、娘の立場から母親を解き明かしたい、あの不可思議さを明快にしたいと望む方にも参考になるはずだ。

おそらく現実にはこんな本など歯牙にもかけない母親たちのほうが多いだろう。自らが母親であることになんの疑問も抱かなければ本など読む必要もないからだ。世の中にはそんな自信満々の母親が多いのかといぶかしむ方もいらっしゃるかもしれない。特に母になったことのないひと（女性も、もちろん男性も）は驚かれるかもしれない。なぜ、思春期のころには自分に自信がもてず生き方に迷った女性たちが、母になったとたんにあのような存在へと変貌していくのか。その謎こそが、母娘関係において重要な意味をもつだろう。そのために今度は母親を主人公とした事例を提示しようと思う。映画の３Ｄ画面は微妙に画像がずれていることで、専用のメガネをかけると立体的に見える。本書にも同様の仕掛が施されている。母親がリアルに浮かびあがるためには、それが立体的でなければならないからだ。構成は少し複雑である。母の視点、娘の視点、娘の夫の視点の三つが少しずつずれながら語られる。読んだ時に、そのずれが母親像をより立体的に見せるだろう。

前著において、母親への処方箋を書かなかった理由は明快だ。彼女たちは本を手にとって読むことすらしないだろうと考えていたからだ。それは母たちへの絶望と言ってもいいだろう。その絶望は、娘の立場に立てば立つほど深くなった。それに、自分がよき母であると信じて疑わないひとたちをいたずらに混乱させると、却《かえ》って娘たちの負担が増えるかもしれないという懸念もあった。

しかし、それはまずい。改めて今、はっきりそう思う。３・11という大きな悲劇を経験した後はなおさらだ。

重くてたまらない母たちにどうしても変わってもらわなければならない。絶望しあきらめることは簡単だが、いっぽうでそれは、彼女たちを貶《おとし》めることにもなる。彼女たちは変わるはずがないと判断するのは、傲慢以外の何ものでもないだろう。だから、可能か不可能かを問わず、とにかくアプローチをし続けるしかない。それがカウンセラーである私の仕事ではないだろうか。

こんな私の悲壮な決意は、読者である多くの女性からの後押しによって生まれた。是が非でも本書を重い母たちに読んでもらいたい。そして、手遅れだったとしても、自分がどれほど娘の人生に重くのしかかっていたか、それを愛情と読み替えてきたかを自覚してもらいたい。10段階評価の０だった母が、３まで変化することはあるだろう。それでもいい、０のままよりずっといい。

母からの卒業、母という立場からの卒業を

さて、本書を新たに執筆するにあたって、そこを貫く三つの柱について説明しておこう。

ひとつは、娘の立場に寄り添っていることは言うまでもないが、さらに重くてたまらないあの母たちがどうして作られたのかに焦点を当てる。彼女たちに責任はあるのかどうか、彼女たちは果たして変わることができるかどうか……。こんな重い問いについての答を少しでも書いてみたい。

もうひとつは、多くの娘であり母である女性たちを苦しめている世代連鎖という呪縛についてである。これほど短期間に日本社会に浸透した言葉はないと思われるほどに、多くの母となったひとたちは自分の加害者性に怯えている。そんな女性たちを過剰な呪縛から解放したい。

三つ目は、あの鈍重にも見える母たちをむしばんでいるもののひとつに「ミソジニー」と呼ばれるものが存在する。女性が女性であることを嫌悪するという不幸な事態について述べてみたい。

これらをすべてひっくるめて、最終的には「母からの卒業」を目指すのが本書のねらいである。

母であることからの卒業、娘としてあの母から卒業すること、この二重の意味（ダブルミーニング）を含んだ問題意識から本書を書こうと思っている。

子どもを生んだからといって死ぬまで母である必要などない。生物的関係性と、社会的関係性は異なるはずだ。夫婦が離婚によって解散するように、ある時、母からも卒業できればどれほどいいだろう。それはそのまま、娘であることからの卒業と同義であることは言うまでもない。

高齢化社会の進行に伴って、三〇代初めに母になった女性は、五〇年近くも母を続けていくことになる。それは、娘が、娘として五〇年を生きることを意味する。こんな長期にわたる母娘関係は史上初の現象である。長い時の流れを、どうすればかろやかに生きられるのだろう。母にとっても娘にとっても、満足のいく関係性がないだろうか。そのための名案はないだろうか。

さまざまな問題意識に立脚したこんな欲張りな本を、私は書こうとしている。不安もあるが、夢は大きければ大きいほどいい、とも思う。たとえ消化不良であろうとも、中途半端に挫折しようとも、その意気やよし、と自分に言い聞かせながら書き進めていきたい。

1　ある母娘の物語
——カウンセリングの事例より

娘を取り戻したい――母親の視点

前著（『母が重くてたまらない』）の装丁はなかなか素晴らしいものだった。光沢のあるカバーは、ビビッドな黄色だ。それだけでもかなりの存在感を示しているのに、あのカバーを外すとそこにはもうひとつおまけの楽しみが待っている。本文中に登場する母の言葉が、渦巻き状に印刷されているのだ。実に手がこんでいる。だから私は、あの本を、ひそかに「平成の黄表紙」と名付けている。

あれだけ目立つのだから誰でも手に取るだろう、と思うのは著者の思いあがりに違いない。まるで風景の一部であるかのように目にも留めないで通り過ぎるひともいれば、「あ～ら、世の中にはひどい母親がいるもんね、ふ～ん」と横目で眺めるだけのひともいるだろう。

本が読者を呼ぶ、というのが私の体験的書籍購入の法則である。書店の棚の前に立って、左から右に虚心坦懐《きょしんたんかい》に視線を移す。その時、ふっと目に留まる本がある。その本を手に取って偶然開いたページが、私の頭の中に巣くった疑問にヒントを与えてくれる。こんな経験をなんども繰り返してきた。

偶然が重なっているだけのはずなのに、どうして本、そしてページまでもが、私の問題意識とマッチングするのだろう。科学的にはまったく説明できない。だから、笑われるかもしれないが、「本が私を呼ぶ」のだと考えるようになった。明確に買う本が決まっている場合は別だが、ぶらりと書店を訪れた時は、自分から探そうとせず、多くの本の中から私に呼びかけてくれる本を待つことにしている。これもなかなか楽しい時間だ。受動的に見えるが、呼びかけを受け止める自分の感覚だけが頼りなのだから、どこか感覚を研ぎ澄ます訓練とも思える。そして、私を呼んだ本を手に取り、開いたページと自分自身がぴったりと合致した時、その本を買うのだ。

黄表紙に呼ばれないひとと呼ばれるひととの違いはなんだろう。たぶん、幸せな母娘関係を営んでいる（と思っている）ひとたちは、きっと呼ばれないに違いない。逆に呼ばれるひとたちは、母娘関係になんらかのこだわり、ひっかかり、齟齬《そご》を感じているのだろう。

システマティックに分類すると、あの本に呼ばれるひとは二つに分かれる。タイトルを目にして、即座に重たい母＝私と判断するひと、墓守娘＝私と判断するひとである。

前者はさらに二つに分かれる。

ひとつは、自信満々の母親だ。

自分と娘はうまくいっており、よき母親としての自信もある。それなのに、こんな題名の本が出版されるとはどういうことだろう。私のような日本のよき伝統である母と娘の楽しい関係をわざわざ壊そうとしているのだろうか、と考える女性たちだ。彼女たちの中にはわざわざ買って読むひともいる。そして、著者の見方は偏っており極端な例だけをことさら集めて書いている、と腹を立てる。実際そんな読者カードが送られてきたりする。

この世には反論するためにわざわざ本を買うひともいるということを知らされると、妙に感動する。でも、たぶん彼女たちこそ世間で言われる「まっとうな」感想の持ち主なのかもしれないと思う。こういうひとはカウンセリングになどまずこない。

もうひとつのタイプは、この本を読めば、娘の謎が解けるかもしれない。数年間引きこもっている娘が、毎日のように夜中に私を叩き起して何時間も責め続ける理由の一端がこの本には書いてあるのではないか、などと考える女性たちだ。

娘とのあいだに問題が起きているので、色々手を尽くして問題を解決しようと努力をしてきたが、いっこうにうまくいかない。そんな時、書店で黄表紙が目に入り、「本に呼ばれて」手に取り、思わず買う。彼女たちの目的は、どうして娘の問題が起きたか、どうしてあの娘が突然ヘンになったのか、その理由を知ることだ。そして、娘との関係を改善するための具体的な方法もわかるのではないかと期待している。実際に本を読んでカウンセリングに訪れるこのタイプの母は少なくない。

彼女たちは、黄表紙を出版しなければ、おそらく出会うことのなかったような女性である。そんな貴重な出会いの中から多くのヒントをもらうことができたので、このタイプを描いてみようと思う。

＊

娘を盗られた

六〇代半ばだというノリコさんは、背筋をぴんと伸ばしてソファに浅く腰かけた。

私はオーラというものの存在を信じているわけではないが、一日に何人ものクライエントと会うので、ソファに腰をかけた瞬間の顔、動作、そして衣服も含めた全体から漂ってくる空気のようなものを感じることがある。たぶん、これはオーラと言われるものとどこかつながっているのかもしれない。カウンセラーとしての私の経験が、一種の勘のようなものを醸成してきたのだろう。

ノリコさんは、全身からねっとりとした気配を漂わせていた。それは彼女の顔に塗られた厚いファンデーションのせいでもなく、汗ばんだ肌のせいでもない。最初に私が感じ取った「何か」だった。

「ほんとにどうしてなんでしょう、きっと私が悪かったんです。ほんとに娘にはすまないと思ってますけど」

ノリコさんは、金歯をきらりと光らせて、しゃがれ声で語った。真夏の炎天下を歩いてきたせいか、吹き出る汗が止まらず、クーラーの風の直撃を受けているのに、扇子で激しく顔をあおぎ続けている。

ノリコさんは、はるばる二時間近くかけて関東の某県からわざわざカウンセリングにやってきた。娘と「世間並みの親子関係」を取り戻すために、である。大きな目が印象的な顔立ちだが、手の指は節くれ立っており、これまでの人生がそれほど順調ではなかったことをうかがわせた。

彼女の言葉だけを聞いていると、この女性は心底何かを悔恨していると思うだろう。ところが、目の前に座ってこれから私にいろいろなことを語ろうとするノリコさんから発散されるものは、言いようもない不満、恨み、そして体が震えるほどの怒りであった。そんな御しがたい突き上げるような何かをとにかく抑え込むために、あえて「私が悪かったんです」と自分で自分に言い聞かせているような気がした。それほど巨大なもの、たとえて言えば不発爆弾のような塊をノリコさんは抱えていると思った。

そんな私の直感はあまり外れることがない。案の定、堰《せき》を切ったように語られた内容は、あふれんばかりの負の感情で満ちていた。

もういちど娘との関係をやりなおしたいと思っているものの、一人娘のカオリさんについてどうにも納得いかないことが多すぎた。ノリコさんは何度考えなおしても、どうしてカオリさんがこんな仕打ちをするのか、わけがわからなかった。たったひとつの理由を除いては。そんな時に、書店で黄色い表紙の本を目にして、一晩で読破した。

「先生のお書きになった本を読んで、すごく娘の考えてることがわかる気がしたんです」

これはどこか定型的な反応だ。多くのカウンセリングにやってくる母たちは同じように表現する。しかし、娘の何がわかったのだろうか。残念ながら、多くは娘の考えとずれており、彼女たちの願いは娘が全く望んでいないことだったりする。

今年で三〇歳になるはずのカオリさんとは、もう四年間も会っていない。手紙も来ない。住まいも勤務先もすべてわかっているにもかかわらず、ノリコさんは訪問することも、電話をすることも禁じられている。そうなるまでには、ノリコさんとカオリさんとのあいだでさまざまなやりとりがあったことは想像に難くない。

「きっとあの子は私が重かったんですね」

こう簡単に言ってしまうところが「重さ」の無理解を露呈しているように思えるのだ

が、ノリコさんは自分の言葉に、うんうんと自分でうなずいてみせた。

「早くわかってあげられればよかったのに、遅すぎました」

遅すぎたという言葉にこめられたものが、最初に私が感じたどす黒い怒りの正体のように思えた。

「一人娘を盗られてしまったんです、あの男に」

こう言い切ったノリコさんは、私の顔を挑むように見つめた。まるで私がその男であるかのように。彼女が考えてきたたったひとつの理由とは、これだったのだ。

彼女がずっと信じてきた物語は次のようなものである。

夫の前では、つねに「イエス」

カオリはとっても素直なよい娘だった。小学校のころは、内気だったのでノリコさんが一生懸命社交的になるようにと、民謡を習わせたほどだった。理由は、民謡の発声法を身につければ、人前でも大きな声で腹の底から発言できるだろうと考えたからだった。

実直な製造業の会社員だった夫は、社宅に帰ってきてからはずっとビールを飲んでテレビを見るだけの生活を送った。食事中もほとんど口をきかず、妻と目を合わせることもなかった。金曜日から日曜日までは、晩酌にビールではなく焼酎を飲むことに決めていたので、ノリコさんはビールと焼酎だけは切らさないように、いつも注意を払った。

ノリコさんは、父も兄もかなりの酒飲みだったため、そんな夫の飲酒に文句など言ったことはなかった。しかし、夫に対して別の意見を言うと、必ずキレて暴力をふるうところは、どうしても我慢ができなかった。

いちど、狭い社宅だったが、九州から両親が遊びに来たことがあった。夕食時にテレビを見ながら、夫が「石原裕次郎の弟は作家だったなあ」と言った。ノリコさんは、「弟じゃなくって兄でしょ」と言った。

その瞬間にキレた夫は、「うるさい!」と怒鳴ったかと思うと、ノリコさんを殴った。あまりのすばやさに、ノリコさんは啞然《あぜん》としてしばらくわけがわからず左のほおを押さえてうずくまった。二秒くらい経ったろうか、驚いた両親は「タケオさん、すみません、ノリコが生意気なことを言いまして」とあやまった。カオリは、ひとことも口をきかないまま、箸をもった手を止めて凍りついたように座っていた。

命を懸けた育児

九州へ帰郷してから、夫の留守を見はからった父親から電話があった。「我慢しなくてもいい、いつでも帰ってこい」というものだった。それまでも、酔って暴力をふるった後で、夫は必ず、「お前が口答えをするのが悪い」と言いくるめてしまうのだった。

しかし、父親の電話をきっかけにノリコさんは、両親の前でも平気で自分を殴る夫に対して初めて疑問を抱いた。のちに、あの時思い切って九州の実家に戻っていれば、と何度も後悔したのだが、もう遅すぎた。両親はノリコさんのことを案じながら、その五年後に相次いでがんで亡くなってしまった。

実家に戻ることをためらったのは、自分で選んだ結婚生活をまっとうせずに放棄することになるのではないかと思ったからだ。こんな苦労は結婚したらみんな経験していることだろう。それなのに、自分だけがそこから逃げ出すのはどこか敗北するように思えたのだ。それに、夫は間違いなくカオリの父親である。自分の一存だけで、カオリから父親を奪っていいものだろうか。娘のためだけでも、あと少し我慢しなければ母親として失格かもしれない、と思った。

それからというものは、ノリコさんはとにかくカオリを立派に育て上げることに専念した。どこか「命を懸ける」ような育児だった。

手作りのおやつは当たり前で、冬にはセーターを手編みし、夏にはミシンでワンピースを作った。カオリは、そんな母の手編みのセーターを喜んで学校に着て行った、と思っていた。意外な事実を知ったのは、カオリが結婚してからだ。

「ママが作ったセーターで、どれくらい私がいじめられたかわかってるの？　大きすぎて、アラン模様も不細工だったから、いつもミノムシってはやされてたのよ」

ミノムシという言葉にも腹が立ち、事態を初めて聞かされたノリコさんは大真面目に怒った。

「そんなこと、誰が言ったの？　言った友達が悪いんじゃないの！」と。

「そうじゃないの、いじめられてるなんてこと、ママには絶対言えなかったでしょ、なんで言えないか、わかってくれるようなママじゃなかったでしょ」

「……そんなこと、ちゃんと言ってくれないと……後でこんなふうに文句つけられてもどうしようもないじゃない」

こんなやりとりは、ほんの一例である。

結婚後、これまで言ったこともないような言葉を語るカオリさんに向かって、ノリコさんは反論し続けていた。それが娘にとってのしつけだと思い、実家の母親に甘えさせないのも親心だと思ったからだ。

カオリさんの変貌は、次に述べるように中学から始まる受験戦争をともに戦ったノリコさんにしてみれば、まったく理由のわからないものだったに違いない。

中学校に入ってから、ノリコさんは熱心に塾を探し、カオリを通わせた。夫は生活費だけはきちんと入れてくれたので、そこから塾の月謝を捻出した。夏季講習は、ノリコさんが、新聞で探した隣町でのパート勤務のお金でまかなった。地元で探さなかったのは、主婦仲間に見つかるのがいやだったからだ。

私立高校に行かせるお金などないと夫から厳しく言いわたされていたので、とにかく県立の偏差値上位校に入学させるように頑張った。自分の服を買うお金があれば、カオリの参考書を買うことを優先した。

もともと地味だったノリコさんは、ますます外見に構わなくなった。いつも明るいカオリを見ていれば、それだけでこころが満たされる思いだった。そんな期待を裏切ることなく、カオリの成績はトップではないものの、クラスで上位をいつも占めていた。娘の成績表を見ることだけが、ノリコさんの生き甲斐《がい》だった。立ちっぱなしのコンビニ総菜の製造工場でのパート勤務も、夫の罵詈雑言《ばりぞうごん》も、成績表を見た瞬間にどこかに吹っ飛んでしまう気がした。

ノリコさんの努力の甲斐あって、カオリは県立トップ校に見事合格を果たした。合格発表の日のことは今でも忘れられない。前の日も、当日も、早朝神社にお参りに行き、いつもどおり祈願した。朝日が昇る前の寒気の中を、白い息を吐いて神社の階段を上がる途中に、突然白い鳥が目の前を横切った。驚いて見上げると、もうそこには鳥の姿はなかった。なんだか、神様が「だいじょうぶ、合格してるよ」って言ってくれたような気がした。合格発表の後でその体験をカオリに話すと、「ママ、ほんとにありがとう」と言って涙ぐみ、ノリコさんの手を握った。

その温かさは、これまでの人生で誰とも分かち合ったことのないものだった。カオリの顔を見られなくなってから、時々、その手のぬくもりがよみがえってノリコさんを苦しめるのだった。

娘の未来は自分の未来

夫はもともと女に学問なんか要らないという典型的な男尊女卑の考えの持ち主だったので、それほどカオリの高校合格を喜んだわけではない。会社の話をする時も、女子社員なんか子どもができるまでの命に過ぎない、などと酒に酔って吹聴するのだった。はらわたが煮えくりかえりそうになるノリコさんは、それでも夫を刺激しないように、機嫌を損ねないように、時間をかけて少しずつカオリの大学進学を認めるように説得した。なんの共感ももてない夫だったが、学歴が低い割には仕事熱心だったせいか、管理職に昇進することができ、経済的にも少し余裕が出てきた。そのこともノリコさんを少し楽にさせた。

パートの勤務日数も減らし、将来カオリが進む道を考えるために、しょっちゅう書店に通ってこれまで手にしたこともない本を買い、図書館でも勉強するようにした。大学の法学部に入り司法試験を受けたいというカオリのために、国家資格の受験問題、法律の基礎、試験のための日本史の資料を集めたノリコさんは、まるで自分が大学受験に取り組んでいるかのような充実感を味わった。

そのころ、ノリコさんはなんども同じ夢を見た。グレーのスーツを着こなした新入社員らしい女性が、駅の階段をパンプスのかかとを鳴らして駆け上がっていく。満員電車に乗り込もうとするが、ドアが閉まり発車してしまう。くやしがっているその女性の顔を見ると、二〇代の自分であることに驚いて目が覚める。当時その夢にどんな意味があるかなどと考えたこともなかったが、のちに振り返ってみると、カオリと自分がほんとうに重なって感じられていたのだと懐かしくなる。

カオリの幸せのためなら何も惜しくなかった。自分には許されなかった四年制の大学に進学させること、資格をとって手に職をつけさせること、そのことを思い描き念じていれば、毎日が未来に向かって続くと信じられたし、目標をもって暮らすことができた。

夜食のおにぎりを作り、濃いほうじ茶を添えて勉強部屋に運んで行く時、部屋をトントンとノックして「は～い」というカオリの声を聞く時、ノリコさんはカオリの未来の姿をありありと想像できた。スーツを着てさっそうと歩くカオリ、てきぱきと仕事をこなし、男性に伍して会議で発言するカオリ。そんな娘の姿を思い浮かべると、うっとりするほどだった。

めでたく大学入学を果したカオリは、「ママのおかげよ、ありがとう」と、高校入学の時と同じく、ノリコさんの手を取って涙ぐんでくれた。この時ばかりは夫もうれしかったらしく、「よかった、よかった」とつぶやいていつにもまして焼酎の量が増えた。そんな夫を眺めながら、ノリコさんは「もう遅いのよ、あなたなんかなんの協力もしてくれなかったくせに。今更父親ぶったって、もう間に合わないのよ」とこころの中でつぶやいた。

カオリの大学合格は、自分の母親業の合格証書であるかのように思えた。これまで苦しいなかを頑張ってきたことが、すべて報われたのだ。バーゲンでセーター一枚買わなかったこと、パートの給与をすべてカオリの塾や予備校に費やしてきたこと、図書館で自分も一生懸命本を読んだこと……。カオリが第一志望の大学に合格したことで、ノリコさんのこれまでの努力はすべて意味をもち、報われ、輝かしい称号となったのだ。誰彼かまわず、「娘が○○大学に合格したんです」と叫んでまわりたかった。

ひさびさに深く眠ることができたのも、カオリの受験勉強がもう終わりを告げたからだ。

合格から一週間は、たぶんノリコさんの人生の黄金期だっただろう。

私を捨てるなんて

娘の入学式に着いていくのは当然と思っていたノリコさんに、カオリがためらいながら、遠慮がちにノリコさんにこう告げた。

「ママ、入学式には出席するの？」

思いもよらない言葉だった。質問されたことに驚いたノリコさんは、一拍置いて深くうなずいた。その瞬間のカオリの表情を今でもノリコさんは忘れない。それは明らかに不快と嫌悪を示す表情だったからだ。

いったいどうしたというのだろう。ここまで二人でがんばってきたのに、合格のためならと思ってあらゆることを我慢してきたのに、晴れの入学式に母親が出席することに対してどうしてこんな表情を見せるのだろう。どこか体調でも悪いのだろうか。いやいや、受験勉強の疲れが出たに違いない。もっとおいしいごはんを作ってあげなければ、とノリコさんは反省した。

「ママは出席するに決まってるじゃないの。カオリが一番入りたかった大学に受かったんだから、入学式は保護者席の一番前に座るつもりよ」

大きな声でカオリに宣言した。

そんなノリコさんの顔を見ながら、カオリは深いため息をついたが、一瞬のうちにその表情はいつもの素直な娘のそれに戻った。様子を見て安心したノリコさんは、いつもは行かない高級スーパーで奮発し牛肉の薄切りを買おうと決めた。いつでも、誰にだって気の迷いはついて回るものだと考えた。

近所のひとに対しても、親戚に対しても、カオリは自慢の娘だった。九州中の親戚にカオリの合格を電話連絡しながら、ノリコさんは「ほーね、あれはほんとにまぐれじゃったけん」と口では謙遜しながらも、こころの中ではこう考えていた。

いったんは出戻りになる覚悟をしたのに、それをしなかったからこそ今の栄光がある。カオリのために夫との離婚をやめたので、カオリも幸せになれた。一人親になることもまぬがれた。九州男児の中でもとびきり威張った夫のもとで耐えて頑張ったからだ。うらやましかったら、私と同じくらいの苦労をしてみるといい、と。

大学生になったカオリは、キャンパスライフについてなんでも話してくれた。毎日が楽しく充実しているようで、講義の話も友達の話も、それはそれは興味深いものだった。ノリコさんが一度も経験したことのない生活を聞きながら、自分がもういちど青春をやりなおしているような気がした。

ノリコさんは、もうパートの必要もなくなったと思ったが、たぶん資格試験のためにダブルスクールの必要が出てくるかもしれない、そのためには資金を今からためておかなければならないと思い、それまでの仕事を続けることにした。

夫は定年がまぢかになるにつれ、酒量を徐々に減らし始めた。このままでは老後の健康が心配だからとつぶやきながら、焼酎をビールに変え、日曜日にはゴルフのテレビ中継を見る代わりに、荒川の土手に散歩に出かけるようになった。そんな夫を見ながらノリコさんは思った。

「どこまで勝手なんだろう、どうせならカオリが中学生の多感なころに酒を減らしてくれればよかったのに。今さら健康になられても迷惑なだけじゃないの、まあ介護が必要になるよりはいいけど」


大学三年の夏、カオリが一人暮らしをしたいと申し出た。

「一人暮らし」という言葉がノリコさんの頭の中でぐわんぐわんと反響するように思えた。どうしてこんなに驚くのか、自分でも不思議なほど動揺していた。返事にこまったので、ノリコさんは「ちょっと待って」と言いながらトイレに入って深呼吸をした。

専門課程に進学すれば、たしかに通学に一時間半かかることになる。それにいずれダブルスクールになれば、帰りが遅くなることも理解できる。ノリコさんがコツコツためてきたお金をあてればアパートを借りられないことはない。すべてカオリの言うことは理にかなっている。

しかし、この家からカオリが出ていくことを想像することはできなかった。それは不可能だった。とにかく反対しなくては、と思いながら呼吸を整えて明るくカオリのいる居間に戻った。

「たぶん、パパがダメって言うから無理じゃない？」

ノリコさんの言葉にカオリは激しく抗議した。

「パパがどうだって、ママには関係ないでしょ？　今さらパパを理由にするなんておかしいじゃない」

「だって、パパだって年頃の娘の一人暮らしは心配だと思うわ。とにかく今夜聞いてみることにするわね」

「ママはどうなの、私の一人暮らしに賛成なの、反対なの？」

ノリコさんは追い詰められた。こんなに口答えをするカオリを初めて見て衝撃を受けていた。

とたんに、ノリコさんはわけもなく涙が出た。そして思わずカオリに叫んでいた。

「どうして一人暮らしなんか、いったいなんでなの？　今の生活になんの不足があるの？　反対するのはね、カオリのためなの、すべてはカオリのためなんだから」

言い出すと止まらなくなり、涙がもっと溢れ出た。それを拭きもしないで、こころのどこかでノリコさんは、そんな自分の涙を見ればきっとカオリは思いとどまってくれるだろう、だってこの子は優しい子なんだから、と考えていた。ところが、カオリはひるむこともなかった。

「お金が大変なら、私、友達といっしょに暮らすわ。バイトもするし、ママに迷惑なんかかけないから」

思わずノリコさんの口を衝《つ》いて出たのが悲鳴にも似たこんな言葉だった。

「カオリはママの宝物なのよ、どうして、どうしてなの……わかった、カオリはママを捨てる気なのね」

夫と二人は耐えられない

この一言が切り札になって、結果的にはカオリは家を出ることを断念した。夫には事後報告をしたが、「一人暮らしなんてとんでもない」と一蹴したのを聞いて、この時ばかりは心強い味方のように思えた。

ノリコさんは気の迷いだと思っていたのに、カオリが意外にも強硬に主張したので、自分なりに考えてみたが、やはり反対したことは正しいと思った。通学時間が二時間の学生だっているだろう。それなのに、いくら友達とシェアするといっても、通学可能な距離なのに一人暮らしなんて贅沢だ、と。

それから五年後、カオリさんがノリコさんと会うことを拒否し始めたのだ。それでも最初のころは手紙が届いた。その中で繰り返し触れているのがこの一件だ。「ママを捨てる気」というフレーズが、どれほどカオリさんを縛ったかが懇切丁寧に説明されていた。カオリさんに断りなく（承認を得る方法もないが）、何通か持参した手紙をノリコさんは私に見せた。

「だってほんとに私を捨てるような気がしたんです。正直な気持ちをそのまんま伝えただけなのに、どうしてそれを責めるのか、わけがわかりません」

これがカウンセリングでのノリコさんの発言だった。

しかし、ノリコさんが一人暮らしになぜ反対したかについての娘による分析には、彼女も深く同意した。

『もしあの時私が家を出ることになれば、あなたはあの男と二人暮らしになるしかなかったのです。それが怖かったのであなたは反対したんです』

一貫してノリコさんのことをあなたと呼ぶカオリさんの手紙の筆致は、見事に冷静だ。

「そうなんです。それだけはカオリの言うとおりです。やっぱり私の気持ちをわかってくれてたんだなって思います。夫と二人になることはほんとに耐えられないと思ってました」

最初のころのどす黒い怒りの塊はすっかりどこかにいってしまったように、ノリコさんは下を向いてそうつぶやいた。

ノリコさんにしてみれば、娘のカオリさんが一人暮らしを断念したことで、すべてが丸く収まったと感じられただろう。とりあえず、ほっとしたノリコさんだったが、おそらくかすかな不安の種は播《ま》かれたに違いない。娘の自活など想像もしたことのなかったノリコさんに対して、カオリさんは母と離れて暮らすという選択肢をちゃんと用意していたのだ。これは、この先もずっといっしょに妻と暮らし続けることを信じて疑わない夫と、いつか別れるつもりでとりあえずいっしょに暮らす妻との関係性に似ている。

その後カオリは母の期待どおりに実家から大学に通い、夜は司法試験受験のための学校で学んだ。帰宅するのは毎晩一一時過ぎという生活だったが、ノリコさんは、カオリが帰宅するまでは一切夕食に手をつけずに待っていた。そんなノリコさんをカオリは時折ため息をついて眺めたが、批判めいた言葉を言うわけでもなく、黙々と夕食を食べてから入浴するのが日課だった。

大学卒業後一年目で、カオリはめでたく司法試験に合格した。

ノリコさんは、九州の親戚一同に電話でそのことを知らせた。嫉妬をかわないように控えめに事実だけを知らせたが、反応は全員同じだった。身内から弁護士が誕生することは何かと心強いと言いつつ、「とんびが鷹《たか》を生んだ」という言葉で締めくくるのだった。ノリコさんは、言われるたびに疑いもなくとんびは夫だと考えた。たしかにあんな無口で融通の利かない、たいして頭もよくない夫の娘が司法試験に合格するなんて誰も想像しないだろう。ひとえに、私がずっとすべてを懸けてカオリをここまで育て上げたおかげに違いない。

ノリコさんは誇らしく感じ、自分のこれまでの人生が一段高いステージに飛躍したような高揚感に包まれた。

着信拒否

司法研修所に通うために、カオリは一人暮らしをすることになった。たしかに、大学よりさらに遠くになるので、一人暮らしもやむを得ない。さすがのノリコさんもそう思った。それに、あとは卒業試験を残すだけなのだから、あまりカオリから嫌われないようにしなくては。何より、少しは物わかりのいい母親にならないと、弁護士の母というステータスにそぐわなくなるかもしれない、と考えたからだ。

「バランスのいい食事をしないとだめよ。これからは身体が資本なんだから。週末にはごちそうを作って待ってるから、帰ってらっしゃいね」

「はいはい、ママの心配性はわかってるから。そうね、週末は帰ることにしようかな」

繰り返し言うノリコさんに、カオリは笑顔で応えた。

部屋を探すのにつきあおうと言うと、カオリはやんわりと断った。「ママ、仲間のみんなも同じように部屋を借りるんだから、心配ないわ」と。

すぐに部屋を探したカオリは、引っ越しも業者に頼み手早く行った。

ところがノリコさんは、前もって聞いておいた住所からおそらく地図を見て探し当てたのだろう、先回りをしてカオリの借りたワンルームマンションの部屋の前で待ち構えていたのだ。遅れて到着するなりノリコさんを見つけたカオリは、目を丸くして驚いて、しばらく身動きもできない様子だった。

「びっくりさせてごめんごめん」と朗らかに告げたノリコさんは、それからわずかの時間で、近所の電気量販店で家電用品などを購入した。その後大型ショッピングセンターに行き、新たに寝具一式を購入した。もちろん、それは自分用である。何かあったら泊まりがけでめんどうをみてやるつもりでそうしたのだ。そのためのお金は、ノリコさんが長年働いたパートのお金で賄《まかな》った。

カオリは、運び込まれた寝具を見て顔色を変えた。

「これって、ママ……、何かあったら私が家に帰るって言ったでしょ。どうして泊まりにくるの？」

どこか悲痛な声にも聞こえたが、ノリコさんは一人暮らしで不安がっているに違いない、なんとか母親のぬくもりで安心させてあげようと考えた。そして、ゆったりと落ち着いた声でカオリに伝えた。

「そんなこと言ったって、熱が出たり、けがをしたりすればママが飛んできてめんどうみるしかないじゃない。放ってなんかおけないわよ。カオリにはなんの心配もなく勉強に励んでほしいのよ」

カオリのいない生活は、想像以上につらいものだった。それこそ胸のまんなかにぽっかり穴が開いたようで、生活の張り合いも無くなった気がした。

夫は相変わらずまめに早朝のウォーキングを続けている。こころなしか、身体が引き締まったようだ。それに、ここ二年ほどで酒量が減ったぶん、飲んでいたころよりも敏感にノリコさんの対応に反応するようになった。このような変化は腹立たしく、「うざい」と思われた。

改めて夫というひとをまじまじと眺めてみると、すべてが不可思議に思えた。何が楽しくてあんな会社にずっと勤めていられるんだろう。友達もほとんどいないし、自宅に戻っても会話らしい会話ひとつもできない。暇があるとテレビを何時間でも見ている。笑ったりうなずいたりするわけでもない。ただ、無反応な態度で、ずっとテレビの前を占拠して座っている。その姿は、人間というよりまるで動物の置物のように感じられるのだった。

それでいて、お茶がぬるいと、湯のみを指さし「これ」と怒鳴る。洗濯物が生乾きだと、ぬっと下着を差し出し「なんだ」とすごむ。そのたびに、めっきり減ったとはいうものの、かつての暴力の記憶がよみがえり、無性に夫が怖くなる。こんなどうしようもない夫なのに、怖がっている自分が情けなくもなる。

そんな生活の中で、唯一の楽しみは娘に携帯で電話することだ。さすがに夫の前では話せないので、カオリの部屋としてそのまま残してある二階の一室にこもり、話をする。今日一日あったことを報告し、夫に対する苦情や文句を全部聞いてもらう。

最初のうちは忙しいだろうと遠慮していたが、昼休みと夜の一〇時すぎと最低二回は電話をするようになった。カオリの声を聞くだけで、ほっとして、なめらかに言葉が口から滑り出るのだ。夫といると、まるで言葉が死んでしまったように、会話が枯渇するのとは大違いだ。

予想外だったのは、カオリがほとんど帰ってこなかったことだ。一度ゴールデンウィークに戻ってきたが、泊まらずに戻っていった。なんどかノリコさんのほうから泊まりに行こうかと思ったが、とにかく忙しいのだから来ないでくれと懇願された。ノリコさんは日々の鬱積が溜まるいっぽうだった。

ある日、夜の九時になるのを待って携帯に電話をかけたら「電源が入っていないか電波の届かないところ……」という無機質なメッセージが流れた。その後なんどかけなおしても同じだ。不安でたまらなくなったノリコさんは、マンションの電話に再度かけなおした。ところがこちらは「ただいま留守にしております」というメッセージが流れる。帰ってから聞いてくれることを願って、ノリコさんは、「カオリ、どうしたの？　だいじょうぶ……？」と長い長いメッセージを留守電に吹きこんでおいた。携帯には、ふだんは指で打つのがめんどうであまり送ったこともないメールを何通か送っておいた。

ところが、夜中の一二時過ぎになっても電話がない。これは何か起きたに違いない、と確信したノリコさんは翌日の朝、急きょカオリのマンションを訪れることにした。思い立ったらすぐ行動に移すノリコさんは、それから二時間後にはマンションの玄関ドアの前に立っていた。押せども開かない扉の前で、ノリコさんは、つくづく合鍵を作らなかったことを後悔した。

よく見ると、新聞や郵便物はきれいに片付いており、特に異変を感じさせるようなものは何もなかった。少しだけホッとしたので、メモに伝言を書いてドアにはさみ、ひとまず戻ることにした。

「カオリに何かあったか心配でたまらず、思い切って来てみました。何もなければいいのですが。どちらにしてもママの携帯に連絡ください。心配のあまり体調を崩しそうですから」

その晩は何も連絡がなかった。携帯は相変わらず「電源が入っていないか……」という単調なメッセージが流れるだけだ。

ノリコさんは、気持ちを落ち着かせようとした。いったい何が起こったのだろう。これは着信拒否に違いない。カオリに何か変化が起きたことだけは確かだ。ひょっとして、誰かボーイフレンドでもできたのだろうか。この推測は時間とともに確信に変わっていった。だって、幼いころからずっといっしょに生きてきたカオリなのだ。あの子の考えていること、あの子のやりそうなことは手にとるようにわかる。きっとそうなのだ。私の直感は間違っていない。「男ができた」に違いない。

操られているに違いない

翌日、カオリから待ちに待ったメールが届いた。

丁寧な文章だが、ノリコさんにとってはこの上ない残酷な内容が書かれていた。

「ご心配をおかけしたこと、申し訳ありません。携帯電話には以後お電話しないでください。もしそうされたとしても、あなたの番号は着信拒否になっていますのでご了承ください。とりあえず、こちらの生活は順調ですのでご心配なきよう。夏休みに一度帰宅するつもりでおります。その時までメールも含めて私に対して連絡をしないでいただけますでしょうか」

携帯電話の画面にくっきりと浮かび上がる文字を目で追いながら、ノリコさんの手は震えた。いったいどうして？　という言葉だけが頭を駆け巡る。

あのカオリが本当にこのメールを書いたのだろうか。誰かに操られて書かされたのではないだろうか。想像どおりだとすれば、男が背後で手をまわしてカオリを私から奪おうとしているのかもしれない。そうでなければ、あんな素直でまじめだったカオリが、こんな血も涙もないメールを書くはずがない。ママという言葉もないどころか、あなたと呼んでいる。生まれてからただのいちども、母である自分をあなたなんて呼んだこともない娘だったのに。

どんな男に操られているのだろうか。いっそ私立探偵でも使ってつきとめてやろうか。それとも、カオリのマンションに張り込んで、男が訪れる現場を押さえてやろうか。その気になれば、ひと晩でもふた晩でも張り込むくらい、体力に自信はある。

そこまで思いめぐらせたところで、待てよ、と思った。そんなことをして、万が一推測が外れたらどうなるだろう。カオリとの関係はもっと悪くなってしまうだろう。試験に受かってからというもの、こころなしか私に冷たくなったカオリが、いっそうおへそを曲げてしまったらやっかいだ。それに、世間知らずの純朴な娘を、男に操られているなどと誤解したら、カオリを傷つけてしまうに違いない。カオリには私しかいないのだ。

たぶん、あまりに忙しいのと、慣れない一人暮らしで少し混乱しているのかもしれない。だから、ここはぐっと我慢をして、カオリが言うとおり静観してやったほうがいいのかもしれない。何しろ、まだ苦労の足りない、未熟なカオリなのだから。

そう考えると、ノリコさんは少し平静を取り戻すことができた。しかし、二度とそのメールを読む気にはなれず、慣れない手つきで削除した。

それからのノリコさんは、カオリのための我慢だ、カオリが無事卒業試験に合格するための試練だと言い聞かせて、いっさいの連絡をしないようにした。まるで地獄のような苦しみにも思えたが、カオリのためだと思うと耐えられないほどではなかった。

約束どおり、夏休みに入ったころ、カオリからメールが届いた。

「○月○日○時に、久しぶりに帰ります。いろいろこちらからもお話したいこともございますので、よろしくお願いいたします」

味も素っ気もない、妙に丁寧な文章だったが、カオリとにかく会えることだけでノリコさんはよろこびでいっぱいになった。きっと積もる話があるのだろう。ごちそうを用意して迎えてやろうと思い、さっそく献立を考え始めた。

予告どおり、カオリは久しぶりに家に戻ってきた。少しやせたように見えたが、以前に比べるとどこか自信に満ちた雰囲気を漂わせている。

ノリコさんも夫の手前普段と変わらずかいがいしく料理を並べ、三人で世間話をしながら食卓を囲んだ。夫は久々だと言いながら、薄い焼酎のお湯割りを飲んだ。そうしていると、何も変わらない、これまでどおりだという安心感がノリコさんを満たした。

食後のお茶を飲んでいる時、カオリが突然口火を切った。

「私、結婚したいひとがいるの」

「…………」

夫もノリコさんも、数秒間は唖然として言葉もなかった。カオリはまるで用意したシナリオを読むように続けた。

「同じ研修所の同期のひとなんだけど。大学時代からいっしょに勉強してきたし、これからもいっしょの研修所なんだから、思い切って結婚しようということに決めました」

「とりあえず、いっしょに生活を始めて、卒業試験に合格したころに式を挙げようと思ってます」

その口調からは、どんなに反対されても自分の向かうべき方向は変わらないという強い決意がうかがえた。あまりに急な話だったが、どこかでノリコさんは自分の推測が当たっていたことに奇妙な満足感すら味わっていた。

「ちょっと、あんまり急なんで、なんて言っていいのかわからないじゃないの。もう年なんだから、ママをびっくりさせないでよ」

続けるように夫は
「そうだそうだ」

と相づちを打つ。

夫はこういう時だけ、私の言葉の尻馬に乗るのが得意なのだ。

「なんだったら、すぐそこまで彼が来てるから、ちょっと会ってみてくれない?」

そう聞いたとたん、ノリコさんは、カオリが完ぺきな結婚宣言劇を仕組んだことに気づかされた。そして、「やられた」と思った。

てのひらの上でころがす

カオリの申し出に対して、ノリコさんはどう返答しようかと考えをめぐらせた。思い返せば、結婚してからこんな思いをずっと経験してきた。夫の突然の怒声や暴力にどのようなリアクションをとるかを一瞬のうちに決めなければならなかったのだ。夫の逆鱗《げきりん》に触れないよう、とにかく穏便にその場を収めるために、態度や言葉を周到に選んできた。

数多くの修羅場をくぐってノリコさんが学んだことは、瞬時に「何もなかったかのような」態度に切り替えることだった。

夫から殴りつけられた時は、およそ反発などできないほど恐ろしかった。言葉も出ず、とにかく身体が夫を拒絶して固まるのだ。後で考えると、たぶん夫は私を土下座させて「ごめんなさい、私が悪かったのです」とあやまらせたかったのだろう。でもそれは無理だった。突然の暴力は、一瞬ですべての判断を吹き飛ばしてしまうからだ。

それでもなんとか顔色ひとつ変えないように、頭の中を切り替えるように訓練した。「過去のことは水に流す」「マイナス思考は一番損だ」「過ぎ去ったことにこだわっていたら生きてなんかいけない」。日替わり定食のように、毎日、自分に言い聞かせる言葉をいろいろ変えてみた。それを続けて何年も経つうちにずいぶんと切り替えがうまくなった。それに、夫という人間は実に単純にできていることもわかった。下手《したて》に出れば機嫌がいい、口答えさえしなければ威張りちらしてそれで終わる、たまの自慢話はいちおう最後まで聞いてやれば怒ることはない。つまり、三歳児並みの対応をしてさえいればいいのだ。頭の中で、夫は「大きな息子」と考えることにした。そう言えば、生まれ育った九州では「男はてのひらの上でころがすのがいちばん」と散々言い聞かされたものだ。母も祖母も、親戚の女たちも、ノリコさんが幼いころからあたりまえのように夫の愚痴を言いつのり、最後はその教訓で締めくくるのだった。

何も起こらなかったかのように

「ちょっと会ってみてくれない？」とカオリが言ったとたん、条件反射のようにノリコさんは食卓の上の食器を片づけ始めた。そして、「そろそろデザートにしようかしら、ねえ？」と夫に話しかけた。何もなかったかのように目の前の家事をさっさとこなしてさえいれば、どんな怖いこともどんな屈辱的なことも過ぎ去っていくに違いない。すでに述べたように、これが長い結婚生活で身に付けた信念であった。

三歳児のような夫は、危機的場面になると必ずノリコさんの尻馬に乗ると決めているかのように、「おお、そうだな。メロンを切ってくれ」と絶妙のチームワークを見せた。

ノリコさんは、こんな時だけ意見が一致するんだから、とこころの中でつぶやき、チッと舌打ちをした。

カオリはそんな両親を黙ったまま眺めていた。その沈黙を背中で感じ取ったノリコさんは、一気に形勢を逆転させた気分になった。結婚したいとカオリが言ったこともどこか夢の中の出来事のように感じ、何もなかったのではないかと思えた。メロンを冷蔵庫から出して、包丁を入れた。みずみずしい甘い汁が流れ出るのを見ながら、カオリが結婚するなんて嘘に違いない、そんなことが起きるはずもないと確信した。

「わかりました、あなたたちの考えはよくわかりました」

メロンを切り分けているノリコさんの背中に向かって、カオリは平静な声でそう言った。

夫はカオリの顔など見ていないはずだ。きっとテレビのリモコンでも探すふりをしているのだろう。ノリコさんは振り向いて、思いっきりの笑顔を浮かべながらこう言った。

「さあさあ、とにかくメロンでも食べなさい、ちょうど熟れごろみたいよ」

カオリはメロンには目もくれず、腕時計を眺めながらカバンをとり立ち上がった。

「もう電車がなくなる時間なので失礼します。どうもごちそうさまでした」

早口で言ったかと思うと、そのまま玄関に直行して帰ってしまった。

ノリコさんと夫は、取り残されたままスプーンですくってメロンを食べた。二人とも言葉を発しなかった。先に口火を切ったほうが今回の事態の責任を取らされると思っているかのように、テレビのナイター中継を見ながら、ひたすらメロンを食べ続けた。

結局カオリの結婚騒動については、ひとことも夫とは話し合うこともないままに時間は過ぎていった。何もなかったかのように暮らしているうちに、ノリコさんの世界からカオリの結婚話は消え去っていった。

その後の一週間はノリコさんもカオリへの連絡をやめることにした。少し頭を冷やす時間が必要だろうと考えたからだ。司法研修所の勉強はたいそう厳しいに違いない。だから、あんな突飛なことをわざわざ言いだしてまで親の心配する顔を見たがるんだろう。こう考えながら、あまりの幼さに思わずクスッと笑ってしまう。いつまでも自立できない娘には困ったものだ。「やれやれ」とつぶやいて駅前の果物屋さんに入った。あの時メロンを食べればよかったのに、と悔しがっているカオリの顔が目に浮かぶような気がしたので、宅配便でカオリ宛てにメロンを送ることにした。

ノリコさんはさすがに電話は控えることにしたが、毎日のメールは欠かさないようにした。おかげでメールを打つ速度は格段に早くなった。「おはよう」「おやすみなさい」「今日の体調はどう?」「睡眠時間だけはたっぷりとるようにね」「今夜は何を食べましたか」……短いメールしか打てなかったが、絵文字を工夫して入れるようにした。ハートマークは毎回欠かさなかった。

カオリはそれでも三日に一度は必ず返信をくれた。ママではなくあなたと呼ぶことは変わらなかったし、です・ます調の文体も相変わらずだった。堅い仕事に就くのだから、文章も堅くなるのは当然だろうとノリコさんは思った。もうすぐ二五なのに、ママって呼ばれるのもおかしなものだ、こうやって娘はだんだん母親から自立していくのだろう。そう考えると、母から自立しようとしているカオリの努力がいとおしく思え、すぐにでも電車に飛び乗ってカオリのマンションに駆けつけたくなる衝動を覚えた。

夫はあれからひとこともカオリのことは口に出さず、相変わらず日曜朝のウォーキングは欠かさず、ウィークデイは判で押したように会社に行った。夫と二人だけの食事を作るのは苦痛だったが、ある時思い立って密閉容器におかずを入れて冷蔵庫で冷やし、そのままクール宅急便でカオリに送ることにした。

どうして今までこんないいアイデアが浮かばなかったのだろう。そうすれば三度の食事を作るのも楽しくなる。カオリがいた時と同じように三人前の食事を作ればいいのだ。こう考えたノリコさんは、以前のように炊事に張り合いが出た。

秋風が吹きわたるようになったころ、ノリコさんがいつものように夕食を密閉容器に詰めている途中に、携帯が鳴った。久々にカオリから連絡がきたのだ。

「ママ、元気？」

いつものカオリの声だった。ママと呼べるようになったのだから、だいぶ元気になったに違いない。

「もちろん元気よ、どうしたの？　直接電話くれるなんて珍しいわね」

「いつもおかずを送ってくれてありがとう。助かってるわ」

「いいのよ、どうせ二人分も三人分も同じだし、気にしないで。カオリが元気に卒業するためなんだからね」

「ママ、こんどの日曜日、遊びに来ない？」

自分のマンションに母親を誘うのは初めてだ。ノリコさんはうれしさよりも心配が先に立った。自立しようと努力していたカオリが、再び私に甘えようとしているんじゃないだろうか。何かつらいことがあったのだろうか。勉強がうまくいかず、私に一晩泊まってほしいのかもしれない。そうか、やっぱり母親がついていてあげないとだめなのだ。

「いいわ、ごはんを作ってあげるから、材料を買いそろえて行くわ。そうね、鍋にしようかしら」

「ありがとう、キッチンが小さいけど、ママだったらだいじょうぶよね」

久しぶりに、昔のカオリが戻ってきたような気がした。心細げで、それでいていつも真面目に努力を積み重ねていくカオリ。どうやってそんな娘を一人前にしようかと今日まで努力してきたのに、やっぱり本人は心細いままなのだ。それならしばらくは支え続けてあげるしかないだろう。

ノリコさんの胸には、深い使命感とどこか甘い感覚がよみがえる気がした。

崖っぷちに立たされて

マンションのキッチンで鍋の支度をするのはかなり大変だった。何しろシンクが狭いので、白菜を洗って切るのも一苦労だ。カオリは楽しそうに手伝っていたが、すっと携帯を持って姿を隠したと思うと、すぐに戻ってきた。

ガスコンロに火をつければ食べられるばかりになった時、突然玄関のチャイムが鳴った。カオリが急いで駆け寄ってドアを開けると、そこには一人の若い男性が立っていた。

「こんにちは」

さわやかに笑顔であいさつをすると、驚いたことに靴を脱いですたすたと部屋に入ってくる。カオリも笑顔で彼を迎え、当たり前のように食卓の椅子に座らせ、自分は書斎から椅子を運んできて隣に座った。

二対一で向かい合わせに座ったとたん、ノリコさんはすべてを悟った。

なぜ突然自分を呼んだのか、姿を隠したのはなんのためだったのか、なぜ夫は除外したのか。すべては、あの夏の日の結婚話にさかのぼって考えれば合点がいった。

もうノリコさんは引き返せない位置にいた。自宅のようにあわてて立ちあがって、何もなかったように家事を始めることもできない。その時だけうまく利用できる夫もいない。

そんなノリコさんの観念した表情をじっくりと見つめた上で、カオリはおもむろに口を開いた。

「このひと、黒木さんっていうの。ほら、夏に話したひといたでしょ？ ママが聞く耳を持たなかったから、あの時は中断しちゃったけど」

「初めまして、僕、黒木と言います」

目の前で展開される仕組まれたドラマとカオリたちのチームプレイを、ノリコさんはただただ黙ってうなずきながら眺めていた。しかし、いっぽうでその男を仔細に観察することも忘れなかった。

さすがに弁護士の卵だけあって、巧みに私を操ろうとしている。それにしても、こんなにペラペラしゃべる男は初めて見た。夫も、親戚一同も、九州男児は無口と決まっている、とその時だけ九州男児の味方をした。黒木という男の口数の多さには、ほとほとノリコさんも閉口した。しかしここで波風を立ててはいけないと思い、笑顔で相づちを打つことも忘れなかった。

結局ノリコさんは、鍋の味も満足に感じられないほどの緊張にさらされ続け、その晩は泊まることもできず、終電車ぎりぎりで帰ることになった。

「お母さん、僕が駅まで送って行きましょうか」

黒木はさわやかに笑って玄関でこう言った。

お母さん？　なぜそう呼ばれなければならないのか。結婚を許したわけでもない男に、なれなれしくお母さんなんて呼ばれたくはない。カオリはママと呼んだ。決してお母さんなんて言わなかった。そう考えるとむしょうに腹が立ってきて、「だいじょうぶですよ、一人で帰れますから」とやんわり断った。

マンションの玄関先で、カオリと黒木が二人並んで手を振っている。その光景を背にして暗い夜道を駅に向かってとぼとぼと歩きながら、ノリコさんは思わず涙を流した。

翌年の春、カオリは黒木と結婚した。

小規模な身内だけの結婚式だったが、九州から親戚一同を呼ぶことは忘れなかった。黒木の両親は、東京郊外に住んでいる。学歴の高さはとうていノリコさん夫婦の比ではなかった。夫婦でしょっちゅう笑顔で話し合っている光景も、別の世界のように思えた。「素敵なお嬢さんをいただきまして、こころからうれしく思っています」と黒木の父が語った時、夫はペコペコ頭を下げるばかりだった。ノリコさんは口が裂けても「できの悪い娘ですが」などと言いたくはなかった。手塩にかけて育てた娘なのに、「いただきまして」とは何事だろう。結婚しても母娘の縁は切れないのだ。決して黒木に「さしあげた」わけではない。こう考えると、結婚式は少しもうれしくはなかった。

カオリという存在が黒木に奪われてしまうとは、想像すらできなかった。あの口のうまさにだまされてしまったに違いない、男は自分が欲しいものを手に入れるためにはどんな手段でも使うものだ。そのことをカオリは知らないのだろうか。幸い、卒業してからの勤務先である弁護士事務所は夫婦別々にするらしい。結婚したとしても、黒木の籍に入ろうと、カオリが私の娘であることに変わりはない。そう、何も変わらないのだ。むしろ、結婚して苦労が増えるに違いないのだから、私はこれまで以上にカオリのために生きることにしよう。そう思うと、涙が出てきた。

それを見ていた九州の義姉が「ほんとにいいご縁で、うらやましい」と、ノリコさんの涙をうれし泣きと勘違いして肩をポンポンと叩いた。

うれし泣きなんかじゃない、これは悔し涙だ。あんな若い男にだまされてしまったことを、カオリを誘惑から守ってあげられなかったことをこころから悔んでいるのだとノリコさんはこころの中でつぶやいた。

合鍵はこの手に

しかし、結婚がすべての始まりだった。黒木との結婚がカオリを変えてしまった。ノリコさんは今でもそう思っている。

挙式後、少し広いマンションに移り住んだカオリたちだったが、卒業試験が最後の関門だった。

ノリコさんは、試験の半年前から週に二～三回は食事作りと掃除のために、二人のマンションまで出かけて行くことにした。

前回の苦い経験からこんどのマンションでは合鍵を作ることにした。ノリコさんが「カオリの負担を軽くするために、暇な私が時々、掃除に来ますよ」と提案したら、黒木は「それはありがたい、カオリもきっと勉強に専念できますよ、ハハハ」と笑い、簡単に合鍵を渡してくれたのだ。カオリはそばで不安げな顔をしていたが、「お母さんがここまでしてくださるんだから、ありがたいと思わなくっちゃ」と無邪気にうなずいている黒木の顔を見て小さな声で「そうね、じゃ、お願いするわ」と同意した。

こうして、ノリコさんはおおっぴらに二人のマンションに通えるようになった。カオリが結婚する前より却《かえ》って距離が近くなったような気がして、ノリコさんは「結婚しても何も変わらないじゃない、カオリにはやっぱり私がいなくっちゃ」と思った。

部屋の隅々まで掃除機をかけ、冷蔵庫には牛乳から野菜、納豆まで買い整えて入れた。洗濯機をまわし、干してから帰った。時にはタンスの中に二人の下着をきれいに並べて入れることまでやった。台所はいつのまにかノリコさん仕様に変貌し、お鍋やフライパンの収納場所も一番知っているほどになった。

やがて、ノリコさんは、二人のマンションが自分の居場所と感じられ、夫のもとに帰る時は「出かける」ような気持ちに変わっていった。

晩秋に迫った最後の卒業試験（国家試験である司法修習生考試）の前には、長期にわたる地方での実務修習が課され、二人そろって一カ月以上も不在にすることがあった。

「お母さんが部屋の空気を入れ替えてくれるのでほんとにありがたい」と黒木は言った。

二時間近くをかけてカオリのマンションに着くと、慣れた手つきで合鍵を開け、すべての部屋の窓を開けて外の空気を入れる。

ノリコさんの住んでいるマンションは海に近いため、窓を開けるとうっすらと潮の香りが漂ってくる。その中には工業地帯特有の油のにおいも混ざっている。カオリのマンションの窓から入ってくる風は武蔵野の林のにおいがした。時折、遠くの公園で遊ぶ子どもの笑い声も聞こえてくる。掃除機をかけ、冷蔵庫の中の食材を点検する。生ものが腐ってはいないか、不意に戻ってきた時に食べるものはあるか、と注意深く調べた。うどん玉がひとつ残っていたので、簡単に出汁をとって、かけうどんを作った。

ダイニングの食卓で熱いうどんをすすりながら、お昼のテレビのニュースをゆったりと見た。ちりひとつない室内を見渡し、窓の外に広がる青い空を眺めた。すると、ノリコさんにはこのマンションがまるで自分の新居のように思えるのだった。

部屋のまんなかに立って思いっきり伸びをしてみると、これまでにも増して解放感がじわじわと押し寄せてくる。そして、食後の休憩のためにカオリたちの寝室のダブルベッドに横たわった。窓から入ってくる風が心地よく、いつのまにかノリコさんは眠ってしまった。

予想外の反応

国家試験合格後、年末のある日「ここまで本当にお世話になりましたので、いちど改めてお礼に伺いたいと思います」と黒木が電話してきた。丁寧な口調にノリコさんは一瞬イラっとした。そしてなぜカオリが電話に出ないのだろう、いや黒木が出さないようにしているのかもしれない、それにしてもどんな母親もみな娘と話がしたいものだということに気づかないなんて、ほんとうに気がきかない男だと思ったが、よそ行きの声で「まあ、ご丁寧なこと。たいしたことじゃないので気にしないでください」とにこやかに応じた。

二人は大晦日にやってくることになったが、ノリコさんの頭の中では、カオリだけはお正月三が日を実家で過ごすに違いない、久々に着物でも着せてやろう、そして初詣はいつもの神社に行こう、帰宅したらいっしょにカオリが小さいころから恒例行事のように食べていたぜんざい用の小豆を煮よう……とスケジュールがたちまち組み立てられていった。

大晦日に二人がやってきたが、カオリはダウンジャケットの下にタートルを来て、トートバッグを提げていた。そんな恰好じゃ泊まることもできないじゃないの、と会った瞬間思わず言いそうになったのをノリコさんはぐっとこらえた。

夫は機嫌よく、待ち構えていたかのように、焼酎を黒木に勧めている。ほんとにいつも外面だけいいんだから、と小さい声でつぶやきながらデパートで買ったおせちを食卓に並べた。黒木と夫が飲み始めたのを見届けて、カオリをキッチンに呼んだ。

「お正月は泊まっていくわよね？　着物の準備もできてるし」と早口でささやいた。

「それは無理です」

思いがけない返答にノリコさんは息を呑んだ。おそらくその時の自分は目を丸くしていたに違いないと、のちに振り返ってノリコさんは思った。

「もういちど言います。無理です」

「………」

しばらくの沈黙の後、ノリコさんはいつもの特技に移った。やおら大鍋に水を入れ、お湯を沸かし始めたのだ。

「年越し蕎麦を茹でるには、もう少しお湯が多いほうがいいかしらね、どう思う？」

先程の話などなかったかのように明るい声で尋ねる。何も聞いていない、何もカオリは話してなどいないのだ、このことは記憶からすばやく抹殺しなければならない。ところがカオリは凍てついたような表情のまま、ノリコさんの顔をじっと見つめている。そして、唇の両端が一瞬下がったかと思うと、目を落として呻くようにつぶやいた。

「こうやって来るのだけで精いっぱいだったのに」

その姿は弱々しげに思えた。うつむいたあごの線が目に入ったとたん、反射的にノリコさんの体を突き上げるものがあった。

「どうしたの？　何かあったの？」

思わず近寄ってカオリの手を取ろうとした。

「やめて！　触らないで！」

ノリコさんの手を乱暴に振り払いながら、カオリは叫んだ。

どこか悲鳴にも似たその声を聞きつけて、黒木が驚いてキッチンにやってきた。カオリは泣きながら黒木の胸に顔をうずめた。

悪いのは二人の男

夫も黒木についてキッチンにやってきたが、もう酔いが回ったのか少し足元がふらついている。

「いったいお前は何を言ったんだ、せっかく黒木さんも来てくれたのにカオリをいじめるんじゃないぞ」

「まあまあ、お父さん、そんな言い方されなくても」

黒木は酔っ払いを扱うような口調でいさめた。

ああ、最悪だ。どうしてこんな時に登場するんだろう。この男に口を出されてはまとまる話もまとまらない。いっそ酔い潰れてくれたらよかったのに。あんたなんかにわかるはずがないんだ、カオリのことなんて。ずっとずっとそうだったじゃないか……。黒木もひどい。まるで正義の味方面《づら》しちゃって、カオリが疲れて不安定になっていることすらわからないなんて、夫の資格などないも同然だ。もっとゆっくりカオリを休ませて、お正月になってから連れてくればよかったのだ。どうせ大掃除でカオリをこき使ったに違いない。私が行ってやればよかった、そうすればこんなことにはならなかったに違いない。

まるでテレビドラマの一場面のようなカオリと黒木の姿をぼんやり眺めながら、ノリコさんの頭の中では二人の男に対する怒りが燃え盛っていった。

それ以後一言も語らないまま、カオリは黒木といっしょに戻って行った。黒木はなぜかあまり驚く様子もなく、そんなカオリを抱きかかえるようにして「お騒がせしてすみません」とペコペコ頭を下げて、遠ざかって行った。それがノリコさんがカオリを見た最後だった。

翌日のお正月は最悪だった。夫はテレビの前に座り、ずっと酎ハイを薄めて飲んでいた。そして、時々ノリコさんを責めた。

「お前がやってきたことが悪かったんだ」

「身から出たさびっちゅうもんだ」

「カオリをあんなわがままに育てたからこうなったんだ」

どれを聞いても怒りが掻き立てられる言葉を、どうしてこうも飽きずに言い続けられるんだろう。ついにアルコールのせいで認知症が始まったんじゃないだろうか。この男を相手にしたら、私の脳みそが汚れる気がする。いったい誰のせいだと思ってるんだろう。酒を飲んでる暇があったら、外に散歩に出かけてくればいいのに。あの姿を見ているだけで腹が立つ。早く正月が終わって、いつもの生活が始まってくれないだろうか。

こう考えながら台所で食器をことさらに音を立てて洗った。そしてふっと何気なく冷蔵庫の横にある鏡を見た。そこには眉間にくっきりと一本の縦じわが刻まれた自分の顔が映っている。ああ、すべて予定が狂ってしまった。今ごろは初詣から帰って、カオリと小豆を煮ていたはずなのに。夫の禿げた頭と酎ハイのにおいが、いっそう茶碗を洗う動作を荒々しくさせた。

ノリコさんの特技も、さすがにうまく発揮できなかった。あの泣き叫ぶカオリの姿を記憶から消すことは、さすがに無理だったからだ。思い出すたびに、こころの中でなんどもつぶやいた。

かわいそうに、ほんとにかわいそうなカオリ。疲れているのにつらかったんだね、それなのに、わかってやれなくてごめん。

そのうちにノリコさんの目に涙がにじんだ。夫から責められても悔し涙すら出なかったのに、カオリのことになるとこんなに素直に涙が出るんだと思うと、こころが洗われる思いがした。洗い終わった食器を布巾でキュッキュッと音を立てて力いっぱい拭いた。それでも涙は止まらなかった。

大掃除だって前もって頼んでくれればママが手伝ってあげたのに。遠慮なんかすることないのに。男がどんなにやさしい言葉をかけても最後は家事は女と決まってるのよ、だから黒木なんかあてにしちゃだめ、ね、絶対それだけはわかってね。

お正月はゆっくり休みなさい。新しい勤務先も決まったんでしょ。またうんと忙しくなるんだから、そうしたらまたママが手伝いに行ってあげる。だいじょうぶ、ずっとママがついていてあげるからね。

食器棚にあるお皿をすべてピカピカに磨き上げながら、まるでカオリが自分のこころの中に生きているかのように、ノリコさんはずっとずっと話し続けた。

私のほうがずっとまし

ノリコさんのカウンセリングももう三回目になる。

「主人の年金と私のパートだけで生活しているもんですから」

そう言いながらも、ちゃんと月一回のカウンセリングは予約時間どおりに訪れ、そして料金を支払って帰って行く。少しずつわかってきたことだが、ノリコさんは私とのカウンセリングに訪れる前に、すでにさまざまなひとに相談してきたのだった。

ひとつは宗教だった。わらをもすがる思いの彼女に、積極的に手を差し伸べてくれたのはある新興宗教だった。週一回の集まりに顔を出すと、同じような悩みを抱えている女性があまりに多いことに驚いた。「嫁の言いなりになった息子が連絡をしてこない」「娘が三五歳を過ぎたのに、いまだに結婚する気がない。よく聞くと四〇代の不倫関係の男性がいることがわかった。別れさせたいが同意しない」などなどだ。

集会の責任者らしい女性は、娘や息子に憑《つ》いている「親の恩を忘れる」というカルマを落とすために、まず親のほうが修行をしなければならないと述べた。やはりカオリにもそんなものが憑いていたのか、と得心できそうに思ったが、夫にそのことを知られると絶対バカにされると思うと、積極的にはなれなかった。

二カ月通ったが、思ったよりお金がかかることに驚き、なんだか自分のみじめさが逆に強調される気がしてだんだん落ち込んでしまったので、そこをやめた。もうひとつは水子供養だった。カオリを生んですぐ、夫が避妊に協力せずに妊娠したことがある。その子は夫も合意のうえで中絶した。ノリコさんにとって今でも胸が痛む記憶だ。それには大枚五〇万をはたいた。しかしカオリになんの変化もなかった。

宗教はだめかもしれないと思ったノリコさんは、カオリのマンションの本棚にあった某精神科医の著作を不意に思いだした。掃除をするたびに本棚をのぞいていたことがこんな時に役立つなんて、と感動し、あの先生に会えば、カオリがなんとか目をさましてくれるかもしれないと思いついたノリコさんはすぐ行動に移した。

クリニックを訪れて、四時間にもわたる待ち時間の末にその精神科医と会うことができた。彼はノリコさんの最後の頼みの綱かもしれないという切迫感をいとも簡単に切り捨てた。

「君、それって無理。何したって無理だよ」

「……無理ですか？　なんとかできませんか？」

ノリコさんは必死に食い下がった。その行動力と粘りは、聞いている私もほとほと感服するほどだった。

「君、自分が何したか、考えたことあるの？」

そう言い切った精神科医はうしろを向いて、「次の患者、呼んでくれる?」と看護師に命じた。診察室を出ようとするノリコさんの肩越しに、「軽い抗うつ薬を出しとくから」という声が聞こえた。

冷たい言葉のようにも思えたが、今まで誰からも言われたことのないはっきりとした断定が、ノリコさんの胸に深く刺さった。そうか、自分のやったことを反省すればいいんだ。指針が見えてすっきりと背筋が伸びるような気がした。それが、ノリコさんがその精神科医に「帰依」した瞬間だった。

不思議な力が湧いてきて、この先生にすがれば道が開けると思え、目の前に一条の希望の光が射し込むような気がした。そしていつの日か、この先生の指導を受けていることをカオリに手紙で報告すれば、きっと母である自分の気持ちをわかってくれるに違いないと確信できたのだった。

その日から、ノリコさんは毎週クリニックに通い、デイケアに参加した。同時に、クリニックで実施されていたボランティアカウンセリングの講座に参加して勉強を始めた。ここまで苦労したのだから、私の経験はきっと似たような苦しみをもつひとたちの役に立つだろう。私が彼女たちを救ってあげられるに違いない。なにしろ私は、弁護士の母なのだから、と考えたのだ。同じボランティアカウンセリング講座の先輩は、このことを手紙で報告しようとするノリコさんに対して、当面娘さんには何も連絡をとらないほうがいいでしょう、とアドバイスしてくれた。なんでも彼女はもう二年間娘と連絡をとっていないらしい。

「それが私たち母親の共依存からの回復につながるのよね」

そう確信をもって語る顔つきを見て、ノリコさんは「私も共依存かも」と思った。そのクリニックでは、共依存とは「過剰な世話焼きをとおして相手をコントロールすること」だとされた。

クリニックのデイケアのグループに出てみて驚いた。まったく想像もできないような残酷な仕打ちを子どもから受けている母親があまりに多かったからだ。娘に電話の受話器で頭を殴打されて八針縫った母、息子に毎日のように生活を管理され、自由に行動できずに三年間暮らした母、覚せい剤を使っている息子の行動を監視し続けた母親、ギャンブル依存症の息子の借金を返すためにビルを三つも売却した母親、などだ。

そんな話を聞きながら、ノリコさんは少しずつ安心感が増していった。カオリはそんなことはしない、カオリは覚せい剤やギャンブルなんかやるはずがない。ほんとにかわいそうなひとたちだけど、私とは違う。カオリとも違う。そう、私のほうがずっとましだ、と。

ではなぜ一年近く通ったかといえば、グループの母親たちの夫婦関係に共感したからだ。肝心の子どもの話から、テーマが夫との関係に移って行くことはしばしばあった。

そろいもそろって彼女たちの夫はひどい男だった。いまだに「子どもがああなったのはお前の育て方のせいだ」と言い募る夫はまだかわいらしい。目の前で息子に殴られている妻を横目で見ながら、鼻歌まじりにゴルフクラブを磨く夫、娘の暴力が激しくなると、自分だけさっさと逃げ出して三日間も戻ってこないのでよく調べると、年下の愛人のアパートにいたことが分かった夫。息子の引きこもりの問題を、夜中にこっそり携帯で姑に訴えて泣いている夫、などである。

彼らの話を聞かされるたびに、その時ばかりは「私と同じだ」とノリコさんは思った。結婚してからずっと暴力をふるっていたのが、息子や娘の問題が出現すると同時に止まっているところも、まったく同じだった。夫が自分に手を上げたことがあるとグループで話したら、「それって、ＤＶですよ」と司会の看護師に指摘され、改めて暴力を受けていたことを自覚し、ますます夫への嫌悪が募った。怒りすら湧いてきたが、いまさら夫と別れるわけにはいかない。生命保険もかけてあるし、酒量は減ったものの焼酎をずっと飲んでいるのだから、私より先に亡くなることはわかっている。あとわずかの辛抱だ、とそのたびに自分に言い聞かせている。

では、ノリコさんをそのデイケアから遠ざからせたのは何なのだろう。

努力の成果を知らせたい

このデイケアのもうひとつのテーマは、彼女たちと親との関係だった。ノリコさんとそれほど年も違わない参加者の親は、八〇代の高齢か、すでに亡くなっていた。その親との関係がしばしばグループのテーマになった。驚いたのは、彼女たちが親の悪口や愚痴を言い募ることだった。時には延々と話し続けて泣いてしまうひともいた。子どものことでは元気に話し滅多に泣かないそのひとが泣きくずれるのは、不思議な光景でも見る思いだった。そして必ずその女性たちは、こう締めくくるのだった。

「私って親にされたことを自分の子どもにしてるんじゃないかと思って怖くなるんです」

そのテーマになると、いつもノリコさんはあまり話さないようにした。彼女たちを責めてしまいそうな気がしたからだ。あまりにひどすぎると思った。高齢だったり、死んでしまった親のことをそんなに悪く言うなんて……いったいこのひとたちは何歳になったのだろう。私とそれほど年も変わらないいい年のおばさんのくせして、どうして母親のことをあんなに悪く言えるのだろう。まるで九州で看護師をしている自分の妹の姿を見ているような気分になり、いつも暗くなってしまうのだった。

ある日デイケアでついにそのことを口に出した。

「この年になって親のせいにするのは甘えてるんじゃありませんか」

その途端、グループの雰囲気がさっと凍りついた。ああ、言っちゃいけないことをしゃべったのかもしれない、まずかったかも……。そういう勘だけは鋭いノリコさんは空気の変化に気づいたが、時すでに遅しであった。

グループの参加者の目は「いったいここで何を勉強してるの?」「世代連鎖やAC（アダルト・チルドレン）という言葉を知らないの?」と言いたげに、暗黙のうちに批判と拒絶の軽蔑を伝えていた。

そうか、このグループでは親のことを悪く言って、親のせいにしなければいけないのか。ノリコさんはそう気づいたとたんに、デイケアに行く気がまったく失せてしまった。自分のやったことを色々反省すればいいだけの話なのに、どうして親のせいにしなければならないのだろう。少なくとも私は一度も親のせいになんかしてこなかった、とノリコさんは胸を張った。

九州の母親のことは、もうすべて過去のことなのだ。ノリコさんとは正反対に、妹はいつも母の悪口や愚痴を周囲に言って聞かせ、時には母親を責めることもあった。あまりに年甲斐がないと思ったので妹みたいに醜いことはするまいとこころに決めてきたのだ。だからノリコさんは、デイケアのグループをやめることを決意した。思えば一年近く、生まれて初めての経験だった。このことはカオリにも伝えよう。こうして私が努力したことを知れば、母親を見直すに違いない。これは私なりの反省の成果なのだ。そう思うと、帰宅して夕食をいつもどおり済ましてから、すぐに机に向かってカオリに手紙を書き始めた。

ノリコさんはその手紙のコピーを私に見せた。

その後変わりはありませんか？　ママは毎日カオリのことを想って暮らしています。

今日は報告がありますので、思い切って手紙を書くことにしました。

カオリの愛読していた本の著者であるK先生のクリニックを受診し、そこのデイケアのグループにママはずっと通いました。一年近くかかってやっとわかったことがあります。それはママがあまりにカオリに寂しい思いをさせたのではないかということです。

カオリが幼稚園のころ、それに小学校の低学年のころ、ママは九州のおばあちゃんが病気になったりして、じゅうぶんにカオリを抱きしめて受け止めてあげられなかったのですね。カオリがママの愛情をこころから求めていることに、こたえてあげられませんでした。そのことにやっと気づきました。

本当にごめんなさいね。

中学校に入ってからは、ママはせいいっぱいカオリのために時間をつかい、カオりの人生が幸せになりますようにと祈りながら暮らしてきました。そのことはわかってくれていると思います。

あの大晦日の出来事以来、カオリがママに会おうとしないことは悲しいことです。三キロもやせてしまいました。

黒木さんが何を言っているかわかりませんが、ママの気持ちはたったひとつ、カオリが自分の人生をカオリらしく生きてくれることだけなのです。合計三回、カオリたちのマンションに出かけて行きましたが、会うことはできませんでした。みじめに帰るママの気持ち、わかってくれるわよね、やさしいカオリなら。

おまけに黒木さんからは、「お母さんには申し訳ありませんが、しばらくカオリをそっとしておいてください。そうしないとカオリは仕事もできなくなるかもしれませんので。詳しいことは言えませんが、どうかご理解ください」と携帯にメールが入ったのです。

ママのアドレスをカオリの携帯から勝手に盗み見たことも許せませんが、内容はまったく理解できないままです。

そんなそっけない説明で、母親が納得するとでも思っているのでしょうか。母親が原因でカオリが仕事できなくなるなんてありえません、夫として妻への理解が足りないのではないかと思ってしまいますが、違いますか。何度読み返しても、あのメールはとっても怖い内容です。

しかし、そこで怒ってしまっては、黒木がカオリに何をするかわからないので、今日まで言われる通りに連絡もとらないようにしてきました。

でも、黒木が何を言おうと、ママは世界でたった一人しかいないのよ。あなたを生んだのはママなんです。

こうやってグループに通って考えたことをカオリに報告できることをうれしく思っています。やっと反省できる親になったということですね（笑）。

この手紙を読んだカオリが、ママの気持ちを受け止めてくれることを祈ってます。そしてあんな悲しい顔になるような状況から脱出して、元通りの元気なカオリになってくれますように。

（PS　ママはちょっぴりやせましたし、なんだかこのところ膝が痛くてたまりません。そろそろ老化現象が始まったのでしょう）

ノリコさんの手紙を読みながら、途中から娘婿に対して黒木と呼び捨てに変わっていることに気づいた。私は少しため息をついた。どうしようもない、なんとも言えない脱力感と無力感をおぼえたからだ。

でも、目の前ではノリコさんが私の感想を今か今かと待っている。その顔には、「よく書けたお手紙ですね、それにしても黒木さんのメールはいったいなんでしょうか？」と言ってほしい、と書いてある。こころにもないことを言うわけにはいかないので、とりあえずこう伝えた。

「一生懸命書かれたのですね。そのことは伝わってきます。で、その後のお嬢さんの反応はどうだったのでしょうか？」

とたんにノリコさんの顔は曇り、ほんの一瞬だったがうつむいてしまった。あまりに直截《ちょくせつ》な質問だったかもしれない、言い方を変えようかと迷っているうちに、ノリコさんは顔を上げ、打って変わった強く険しいまなざしで私を見つめこう言った。

「先生は北朝鮮の拉致問題をどう思われますか？」

不意を突かれた私は、「さきほどの話とどうつながっているんでしょうか？」と尋ねた。

「私、今でもカオリを黒木に拉致されたと思ってるんです」

そう言いながら、ノリコさんは大粒の涙をこぼし、少し荒れた右手の指の腹でそれをぬぐった。

「あんなふうに言われれば親として手出しもできませんよ。カオリの仕事を脅迫の材料に使ってるんです。相手は弁護士ですからね、なんだってやりたい放題ですよ。私みたいなおばさんは、てのひらの上で踊らされてるだけですよ」

「たぶん、黒木の親もグルなんでしょう。あることないこと黒木が親にふきこんで、全部私が悪者になってるんじゃないでしょうかね。カオリは、かわいそうに、そんな黒木と両親にたぶらかされてるんですよ。北朝鮮に娘を拉致された親の気持ちが痛いほどわかります」

「そりゃ、向こうの両親にしてみれば、カオリみたいな素直な娘ができたと思えば満足でしょう。あちらさまは私どもよりずっと教養もありますし、ブランドの会社にお勤めだったようですからね。私に口出しされるのがいやなのもわかります。でも、あそこまで一生懸命めんどうみてきたのは、私じゃないですか。カオリをあそこまで育て上げたのは、私なんですから!」

だんだん声が大きくなり、ノリコさんの顔も紅潮してくるのがわかった。たてつづけに、涙をふく暇もないほどにしゃべり続けている。結局カウンセリングの終了時間ぎりぎりまでノリコさんの「娘拉致説」は続いた。

ノリコさんが考えているストーリーの骨格が実に明快に語られたことは、私にとってはよかったと思えた。反省する姿勢を娘に訴えようとしているが、根底にあるのは娘の夫である黒木への激しい憎悪だとわかったからだ。それは黒木の両親にまで拡大され、カオリさんはあの拉致被害者同様に無垢な被害者として語られた。

すべてはたったひとつの可能性を消去するために作られる必要があったのだ。それは、カオリさんがノリコさんを拒否しているという可能性である。それだけはノリコさんは認められなかっただろうし、考え付くことすら不可能だっただろう。彼女の辞書に、娘が自分を拒否する、という文字は存在しないのだ。

長いトンネルをぬけるまで――娘の視点

ここまでは母であるノリコさんの視点から述べてきたが、そろそろ娘であるカオリさんの立場から、どのようなことが起き、どのように受けとめられたのかについて述べることにしよう。

＊

私は鬼なのか？

果たして大晦日の夜を無事過ごせるだろうか、夫の黒木もいっしょだとはいえ実家の母のもとに顔を出してそのまま泊まらずに帰れるだろうか。そう考えると、カオリさんは師走に入った途端に不安でたまらなくなった。

母親が何を考えているかは、手にとるようにわかる。きっと黒木だけM市の彼の実家に戻して、私と両親の三人で（正確には私と母で）NHKの紅白歌合戦を見て年を越す。元旦には久々に私に着物を着せて二人で初詣に行き、帰宅後は例年通りぜんざいの小豆を煮る。これが母の頭の中で組み立てられたスケジュールなのだ。

ああ、なんとかそんな事態を避けられないものだろうか。どうすればいいのだろう。誰かあの人をこの世界から放逐してくれないだろうか。

カオリさんはそう考えながら、いっぽうでいつもの通り激しい自己嫌悪に襲われるのだった。

なんておそろしいことを考えているのだろう。ママには、私しかいないのだ。それなのにこれほどまでにママのことを遠ざけようと思うなんて。ママ、いいえあのひとのまわりには誰もいないのだ。どうしようもない酔っ払いの父、さすがに減ったとはいえ、私が幼いころからママに暴力をふるってきた父と二人で暮らすしか道はないのだから。

いったいママと呼んできたあのひとがどんなひどいことをしたというのだろう。小さいころから自分の身なりなどかまわずに、私の進学のための努力だけは惜しまなかった。苦手なパートをずっと続けてくれたおかげで、私は進学塾にも行けたのだ。大学に行けたのも、あのひとが父親を説得してくれたからだし、大学に入ってからも司法試験に合格させるためにパートをやめずに働いてくれた。そして……続ければどれだけでも言葉が湧きあがるほど、母は私のために生きてきてくれた。それは疑いのない事実だ。だから、娘である私はこころからあのひとに感謝せねばならない。それが当たり前のことなのだ。事あるごとに、すべては母親の愛情のおかげですと皆に公言しなければならないのだ。

でも、私にはできない。それどころか、会いたくもなく、声も聞きたくない、携帯電話にあのひとから着信があることすら耐えられない。できることなら別の世界に逃げ出したいほどだ。それが正直な今の私なのだ。

そんな私に、弁護士として働いていく資格などあるのだろうか。ひとの苦しみを理解できるのだろうか。私は果たして人間なんだろうか。鬼ではないのか……。

世界に鋭い亀裂が入る

鬼という言葉が脳裏に浮かんだとたん、カオリさんはがっくりと頭《こう》を垂《べ》れた。鬼などという単語が出てくるようになったのは、大学入学後のある日、突然カオリさんの思考の世界が転換するようなことが起きたからだ。それはこれまでの世界を徹底的に変え、現実に深い亀裂を生み出すような出来事だった。最初は驚き、そんな考えが浮かんだのは精神に変調をきたしたせいではないかと思ったほどだ。しかし、いったん芽を吹いた考えは何度摘んでもまた息を吹き返し、除々に根を張り、育っていった。それがどのようなものだったのか、大学時代のカオリさんの悪戦苦闘について述べることで説明しよう。

世界で一番いい母親だとなんの疑いもなく信じ切っていた世界に、初めて鋭い亀裂が走った瞬間をカオリさんは鮮やかに覚えている。

「ママ、大学のお友達ってみんなすごくおしゃれなの。カオリも少しメークしてみようかな」

ゴールデンウィークを控えたある日の正午、ベランダには強い日差しが照りつけていた。洗濯物を干しながらカオリさんは、台所で食事の準備をしている母に声をかけた。都心の高校から進学した女子大生は、カラーリングした髪と念入りなアイメークがふつうだった。そんな友人達がうらやましかったので、それを伝えれば、きっと、いっしょに化粧品でも買いに行こうという返事が戻ってくるだろうと、カオリさんは期待していた。

ところが母は無言のままだった。

洗濯物を干し終えたカオリさんが部屋に入ると、母はすっとそばに近寄り、こうつぶやいた。

「いやらしい」

言われた瞬間は何も考えることができなかった。ただただ、頭の中に大きな疑問符だけが浮かんだ。「なぜ」「どうして」と、後になって言葉にすることができたが、その瞬間は言葉も浮かんでこなかった。

固まって身動きもできないほどのカオリさんに向かって、母は「さあ、チャーハンにしましょう」と明るく告げた。そして隣室でテレビを見ている父に向かって「御昼ごはんよ～、聞こえてるの？」と大きな声で話しかけた。

母親の何もなかったかのような明るい顔を見ていると、あれは空耳だったのかもしれない、何かの間違いだという気がした。ところが、友人と会うために家を出て、電車のつり革につかまって景色を見ていると、母の言葉が何度もよみがえってくるのだった。

「いやらしい」

母は、たしかにそう言った。私に向かって「いやらしい」と言ったのだ。認めたくない、空耳と思いたい。しかし、そう思おうとする努力は二、三秒しか続かなかった。

ひょっとして母は、私が女性として楽しく暮らすことをいやがっているのかもしれない。メークをして、おしゃれをしながら大学生活を謳歌することを認めたくないのかもしれない。カオリさんがそう考え始めると、次々といろいろなことが思い出された。

高校時代にスーパーの下着売場で少しフリルのついたブラジャーがほしいというカオリさんの要求を頑として認めなかった時、中学時代に先生にあげるバレンタインの板チョコを買ってほしいという要求を拒んだ時、母はあの瞬間と同じ顔をしていた。

記憶はさらにさかのぼる。

カオリさんが生理を迎えたことをためらいがちに翌日伝えた時、やはり母は同じ顔を見せた。それはどこか軽蔑と、あきらめと、うとましさのこもった顔だった、と初めて気づいた。

聖母像が反転する

湖面の氷にいったん亀裂が入るとそれはどんどん広がり、しまいに氷は割れてしまう。カオリさんにとって母親は最大の味方であり、時には聖母マリアのような存在にすら思えた。その裏側には、母親の苦しく挫折まみれの人生が刻み込まれていた。幼いころから、母はどれほど父との結婚生活に対する呪いの言葉をカオリさんに言って聞かせただろう。それでも決して涙することはなかったので、母の我慢強さと忍耐力をずっと尊敬してきた。

カオリさんの世界は母の庇護に包まれており、傍らにいる父は無能で暴力をふるうことしかないくだらない男だった。時には、大きくなったら母をあの父から引き離して幸せにしてやりたい、それが私の最大の使命だとさえ考えることもあった。

そんな堅固《けんご》な世界に、あのひと言が亀裂を入れたのだ。足元の大地は揺れ始め、これまでの記憶の光景のポジとネガが反転するようになった。信じ切っていた母の愛を疑うことは、カオリさんのこれまでの人生を根底から揺るがせた。

このように大きな混乱を抱えながらも、帰宅すると母親の明るい笑顔に迎えられ夕食をともにする生活を送ることに、カオリさんは少しずつ限界を覚えるようになった。迷った挙げ句、大学三年生の時思い切って一人暮らしを提案した。アルバイトで収入を得る見込みをつけて万全の態勢で臨んだ提案だったが、軽く一蹴された。半ば予想はできていたので、カオリさんは母がどんな顔をしてどんな言葉で拒否するかを、じっと観察してみた。

混乱した表情を一瞬見せ、涙さえ見せたものの、母はくるりと形勢を逆転させた。その際のキーワードが「カオリのため」だった。その言葉をまるで水戸黄門の印籠のようにかざせば、娘は必ず自分に従うに違いないと確信しているのだろう。驚いたことに、その時だけは、いつも批判ばかりしていた父親と手を結び、共同戦線を張ったのである。父親が一人暮らしなど認めないと断言したのだ。予想どおり、娘があきらめたことで、母は深く満足したような笑いを浮かべた。

こころ引き裂かれて

ひょっとしてあの父親に対する侮蔑や呪いも、実際は母が言うほどでもないのかもしれない。何しろあの二人は今でもいっしょに暮らし続けているのだから。とすると、ずっ

asahi bunko

朝日文庫

asahi

bunko

ポケット文化の最前線

朝日文庫

と愚痴を聞かされ続けてきた自分はいったいなんだったんだろう、と学生時代の頃を思い出しながら、カオリさんは改めて腹立たしく感じた。

母親を観察したカオリさんは、将来へのアウトラインを大幅に変更した。ぜひとも早く司法試験に合格しよう。そうすればこの家を出ることができる。母と離れて住むようになれば、母親となんとかうまくやっていけるのではないだろうか、と。しかし、そんなプランを実行させまいと、もういっぽうの自分が足を引っ張るのだった。

「ママにはカオリしかいないのよ」と言う母の声は、深いところで根を張っていた。私が家を出れば、母は父と二人暮らしになるだろう。忌み嫌っている父と顔を突き合わせて暮らしていくことがどれほど残酷なことか。やっぱり私が母を引き取り、父は一人で暮らしてもらおう。わたしが努力すれば、なんとか別々に暮らす両親を支えていけるかもしれない、と。

このふたつのプランはいつもカオリさんの頭の中で拮抗し、こころが引き裂かれて、この上なく疲弊してしまうのだった。それでも、カオリさんは精一杯の努力をした。司法試験の合格は、理由はなんであれ、カオリさんとノリコさん、そしておそらく父親も含めた三者の利害がみごとに一致することだった。その後に待ち構えていた幾多の苦難を考えれば、あの勉強に明け暮れた大学生活は最後の平穏な時期だったと、カオリさんは振り返って思った。

努力の甲斐あって、カオリさんは司法試験にめでたく合格した。その後司法研修所で一年四カ月間司法修習生としての研修が義務付けられているが、多くの修習生はそのあいだ寮に入ることになっている。先回りをして調べあげる努力を惜しまないノリコさんは、合格発表の前からカオリさんにワンルームマンションを借りるように繰り返し説得した。

「だっていろんな人がいるんだから、気を使うでしょ。それより好きに暮らせるほうがいいじゃない。お金はママがなんとかするわよ」、と。

もちろん修習生は給与も出るため、それほど負担が大きいわけではない。合格後のカオリさんはとりあえず別々に暮らせるようになれば、母親と距離が取れるに違いない、これで目標達成だと考えていた。このことで対立するよりもすんなり家を出たほうが得策だろう。そして母親の言うとおりにワンルームマンションに住むことにした。しかし、これがノリコさんの計画どおりだったことに気づくのは、引っ越しの当日だった。

自分で探したマンションの住所も契約した不動産屋も、母親にはちゃんと伝えた。保証人は父親だったので、それは避けられないと思ったからだ。そのことが何かを引き起こすなど想像もしていなかった。自室の本や机を運ぶだけなので、それほど大がかりな引っ越しではなかった。カオリさんは、電車を乗り継いで二時間近くかけて、初めての一人暮らしに胸を弾ませて目的地に着いた。

部屋の入口には、母親が立っていた。

驚くカオリさんを得意げに見下ろして、「おつかれさま、なかなかいい部屋ね」と母は明るい声で言い放った。ああ、すべて母親は計算ずくだったのだ。新しい部屋も、新しい生活も、ずべて自分の管理下に置こうと準備していたのだ……。私より、母はずっと上手《うわて》だった。

崩れ落ちそうになる気持ちを抑えながら、カオリさんは言葉もなくただうなずくばかりだった。

自立するためのプレゼント

いきなり出鼻をくじかれたような母親による出迎えだったが、カオリさんはなんとか気をとりなおすために、一生懸命自分の考えを組み立てなおそうとした。

こんなママのやり方は、娘に苦労させまいという気遣いだ。そうに違いない。これほど私のことを心配してくれるひとは、たぶんママだけだろう。ちょっとだけ驚いたが、すべては私への思いやりの発露だと考えることにしよう。それに、これからずっとママはあの軽蔑していた父親と二人で暮らすことになるのだ。それがどれほど気が重いことか、想像できるのは私だけだ。なんてかわいそうなことをしようとしているのだろう。せめて、なんとかママが苦痛な生活に耐えていけるように、離れて住んでいても側面から支えることにしよう。

こう考えるように努力したが、その後の母親の行動を見せつけられるたびに少しずつそれが揺らいでいくのだった。

部屋の中に運び込まれた段ボールをひとつずつ開けて、所定の位置に収納しようとしているカオリさんを尻目に、母はエプロンのひもをキュッと締めたかと思うと、明るい声で言った。

「ちょっと買い物に出てくるわね」

「ええっ、何を買いに行くの？　それにお店がどこにあるかわからないんじゃない？」

膨大な本の山を前にして、これらを本棚に整理するのにどれくらいの時間がかかるかと思うと、こころの片隅に母親が手伝ってくれるのではないかという期待が湧いた。その直後の出来事だったので、カオリさんは不意を衝かれた思いで、少々責める口調になっていた。

母は落ち着いて、どこか得意げに答えた。

「大丈夫よ、もうお店がどこにあるかはちゃんと調べてあるの」

その二時間後に、母親は意気揚々と戻ってきた。そして、家電と台所用品一式を買った領収書と配達予定日が書かれた紙の入った分厚い封筒をカオリさんに渡した。

「明日には届く予定になってるからね、いい？」

「カオリが都合が悪ければママが来て受け取ってあげるわ。それに、お金はママのへそくりから払っておいたから、カオリの自立のためのプレゼントだと思って」

とりあえず家を出てくるだけで精いっぱいだったカオリさんにとって、たしかにそのような買い物を母がしてくれたことは大助かりだった。それに「自立のためのプレゼント」という言葉は素直にうれしかった。何より、なけなしのお金をまた自分のために使わせてしまったという思いが、カオリさんの罪悪感を刺激した。だから、こころからの思いをこめて言った。

「ママ、ありがとう」

だまし討ち

二人で協力してなんとか暮らせるまで部屋が片付いたところで、母は手まわしよく買っておいた食糧らしき包みとペットボトルを出して、テーブルの上に置いた。その音で我に返ったカオリさんは、腕時計を見た。

「ママ、こんなに暗くなっちゃって、もう帰らないと……」

「大丈夫よ、まだ平気、平気」

「あれ、おにぎりでしょ？　じゃ、はんぶんこして食べようか」

カオリは思わずはしゃいだ口調になった。すっかり暗くなった窓の外を見ながら、一瞬幼いころに母とピクニックに行った思い出がよみがえるような気がしたからだ。

スーパーの売店の包み紙を開けると、そこには山菜おにぎりが六個入っていた。

「ええっ、こんなに……、これ、ママと二人分なの？」

カオリさんの問いには答えず、母は腕時計を見ながら何やら落ち着かない様子で段ボールを片付け始めた。その時、玄関のチャイムが鳴った。待ち構えたように母はドアを開けた。

そこには配達員が大きな荷物を抱えて立っていた。それは一見して寝具であることがわかった。

「ごくろうさま」

うきうきした声で受け取った母は、小声でタイヘン、タイヘンとつぶやきながら包みを開け始めた。中から出てきたのは、想像通り枕と寝具一式だった。狭い収納用の棚に一生懸命それを押し込み始めた。唖然としたカオリさんは、母に向かって思わず叫んだ。

「これって、ママ……、何かあったら私が家に帰るって言ったでしょ。どうして泊まりにくるの？」

不意の出迎えを受けた時から不吉な予感がしていたが、なんとかそれを気のせいだと思おうとした。自立のために協力してくれる母に感謝しようと思った。母を置いて出てきたことに罪悪感を抱き、幼いころを思い出して母との一体感に浸ったりもした。しかし目の前でいそいそと自分が泊まりに来る時のための寝具を収納している母の姿が、急に呪わしいものに思えた。なんておひとよしだったのだろう。母は娘の一人暮らしを許した時から、今のような光景を実現させようとプランを着々と練り上げていたのだ。なんて甘かったのだろう。

家電と台所用品の配達予定だけを伝えて寝具のことを黙っていたのは、娘がこのような反応をすることを想定していたからだ。夕食のおにぎりを二人分買ったのも、ふとんが届いたのを見届けて、それをちゃんと収納し終えてから帰ろうと思っていたからだ。このだまし討ちにも近いやり方に対して、カオリさんの手は怒りのあまりぶるぶると震えた。

そんなカオリさんの様子を視界の端でとらえながら、母親は余裕たっぷりの口調で言った。

「そんなこと言ったって、熱が出たり、けがをしたりすればママが飛んできてめんどうみるしかないじゃない。放ってなんかおけないわよ。カオリにはなんの心配もなく勉強に励んでほしいのよ」

携帯の「定期便」

研修所での毎日は、とにかく覚えなければならないことが多く大変だったが、充実感に満ちたものだった。何より、マンションに戻ると自分だけの空間があることがありがたかった。母親の顔を見なくて済むことが、これほどまでに解放感をもたらすことに驚かされた。最初のうちは、クローゼットに押し込まれた母親用の寝具を目にするたびに腹立たしさが込み上げてきたものだが、それも時間とともに徐々に少なくなっていった。さすがに遠慮したのか母からの電話もかかってこなくなり、気がつくといつも頭のどこかにあった母親のことを、すっかり忘れている時間が増えてきた。

ところがそんなカオリさんの様子を察知したかのように、突然母からの電話の「定期便」が始まった。ぴったり御昼の一二時三〇分になると携帯が鳴る。食堂でランチを食べている時間なので、同期の友人から「マザコンの娘なんて珍しい」とからかわれるほどだった。夜は一〇時すぎになると携帯が鳴る。あまりに正確な時間なので、自宅で時計を見ながらあと五分、三分、一分とじりじりしながら待っている母親の顔や姿が浮かんでくるようだった。しだいに昼の一二時半と夜の一〇時が訪れるのが、重荷になった。

何度か「もうやめて」と断ろうかとも思ったが、その後の仕打ちが怖くてできなかった。きっと、携帯に出なければ、母親はすぐさまマンションに押し掛けてくるだろう。その口実を与えることになる。

「カオリがどうしたのかと思うと、心配で……だからすぐに来てあげたのよ」

息せききって駆けつけた母親がそう語る顔つきまで想像できた。だから、とにかく一日二回の携帯定期便には応対しよう、そうすることが母への防波堤なのだとカオリさんは考えた。

黒木との出会い

同期生は男性のほうが多かった。さまざまな経歴をもつ人も多く、中でもいったん会社勤めをした後で司法試験に合格したひとはどこか大人びて見えた。

ある日、たまたま食堂で隣合わせになった一人の男性が、カオリさんに声を掛けた。

「こんど、同期でいちど飲み会なんかやろうと思うんですけど、どうですか？」

声の調子が、場違いなほどのどかなひとだった。初めて声を掛けられたのに、カオリさんは珍しく緊張しないで受け答えができた。

「ありがとうございます、私なんかでも参加していいんですか？」

「まあ、一〇人くらいでわいわいやろうかと思ってるんです」

それが黒木との最初の出会いだった。

大学時代も何度か男子学生から交際を求められることもあったが、カオリさんはいっこうにその気にならなかった。なんだか相手がひどく幼く感じられたり、自分のような自信のない人間が男性から好意をもたれるはずがないと考えてしまったからだ。失望されるくらいなら、付き合う前に断ったほうがお互い傷が浅くてすむだろう。それに、もし交際を始めたらあの母親が絶対見逃すはずがないと思ったからだ。

黒木に対しては、不思議なことにそのような思いを抱くこともなかった。鷹揚《おうよう》な感じはどこかぼんやりした印象にもつながっており、自分がどれほど自信がなくてもそんなことはどうでもいいことのように感じられた。この人はそんなこととは別の世界に住んでいるような気がしたのかもしれない。

出会いの最初からのびのびと話ができたが、飲み会の席上でも黒木の印象は変わらなかった。居酒屋の帰りはマンションまで送ってもらい、それから一対一の付き合いが始まった。出会いから親密な関係になるまでの時間は短かったが、カオリさんにはごく自然な流れに思われた。

それと時を同じくして、母からの定期便に対して着信拒否を設定した。自宅は留守電での応対のみにした。

一日のカリキュラムが終了してからも、自習室で黒木といっしょに勉強し、夕食をいっしょに食べてから一〇時半過ぎに帰宅するようにした。

黒木と出会ったことで、母親への防波堤だった定期便への応答をすんなりやめることができた。それほどまでに、黒木の存在は大きな意味をもった。いっしょにいると、カオリさんの周囲に、まるで目に見えないシールドが張り巡らされているような感覚を抱くことがあった。遠く離れた母親から送られてくる妖気は、そのシールドによってみごとにはね返されるのだった。そのいっぽうで、カオリさんはそんな大胆な方法をとった自分が怖かった。いや、正確に言えば、母からの報復が怖かった。

ある晩帰宅すると、暗闇の中で、留守電ランプが点滅していた。心臓が止まりそうになったが、深呼吸をしてから、母からの長いメッセージを聞いた。「カオリ、どうしたの？だいじょうぶ……？」から始まる延々と続く母の言葉を聞きながら、しだいにカオリさんは追い詰められ、恐怖で身動きができなくなった。ひとつの推測が確信に近くなったからだ。

ひょっとして、黒木と付き合っていることをあの母親が感知しているのではないだろうか。研ぎ澄まされた動物的な勘を日々働かせて、きっと黒木の存在を嗅ぎつけているのだろう。もしそうなら、母親は黒木と自分の仲を裂こうとするに違いない。あらゆる手段を使って必ず実行するだろう。ああ、あの母がいるかぎり、私は幸せになれないのだろうか。

ばかばかしい推測にすぎないと自分に言い聞かせながら、明かりを点けるのも忘れて暗い部屋で受話器を握りしめたまま、カオリさんはうずくまって涙を流した。

誰にも話せないこと

思ったよりずっと簡単に結婚の許可を与えた母だったが、カオリさんはやさしげで理解のありそうな態度に少しだけ不気味なものを感じていた。やはりその勘は外れてはいなかった。二人の生活になんとかして入り込もうと虎視眈々《こしたんたん》とねらっていたことが少しずつわかってきた。

結婚して新居に引っ越すと、二人の生活を手伝いたいと、母は遠慮がちに申し出てきた。黒木はそんな母の言葉に感動し、むしろ恐縮しながらそれを受け入れた。素直に喜ぶ黒木の顔を見ていると、カオリさんはそれ以上何も言えずに母の言葉に従ってしまった。

黒木に母のことはほとんど話していなかった。おそらく理解されないと思ったし、母のことは自分の恥であるかのような感覚も抱いていた。ものごころついてから、自分の母のことをさばさばとした調子で語る友人がひどくうらやましかった。自分にこころという名の容器があるとすれば、その一番奥の部分に母のことは貯蔵されていた。母を語るためにはその容器に手を突っ込んで引きずり出さなければならない。そんな大作業に挑む勇気もエネルギーもなく、いつも曖昧な言葉で大きな塊を呑みこみながら母の話題はスルーした。

黒木に対しても同じだった。なんどか話そうかと思ったが言葉も見つからず、M市の黒木の実家を訪れ彼の両親に会うたびに言い出せない気持ちは募っていった。義父と義母は穏やかで、それほど言葉は多くはないが二人で家庭菜園を楽しみながら定年後の生活を送っていた。初めて義父母に会った時、食事をしながら二人が楽しげに言葉を交わす様子を目の当たりにしてカオリさんは驚愕した。食卓に漂う空気も柔らかで、いつのまにかカオリさんは笑いながらその会話に加わっていた。そんな自分に気づいた時、実家での食卓の風景がどのようなものだったのかを初めて自覚した。母を叱りつける父の怒号、父に対する殺意に満ちた母のまなざし、そのあいだで緊張しながら食事をしていた自分に初めて気づいたのだ。それまでのカオリさんは、どこの家庭でもそうやって食事をしているとばかり考えていた。

これまで自分の世界を包んでいた色を知るには、別の色彩の存在を知る必要がある。黒木の育った家庭に馴染むにつれてカオリさんは自分がどれほど神経を張り詰めて実家で暮らしていたかがわかるようになった。黒木の母は、小太りでよく笑うひとだった。最初からカオリちゃんと呼び、「娘がいないからお嫁さんじゃなくって娘ができたような気がしちゃうのよ」と嬉しそうに語った。それでいて二人の生活に入り込むわけではなく、「カオリちゃんが大変だったらいつでも言ってね」と別れ際に念を押すのだった。遠くから見守られているような温かな感覚は、黒木と初めて会った時に抱いたそれとどこか似通っていた。

「私、あなたの実家に帰りたい」としばしばせがむので、黒木は目を白黒させながら「ふつうは逆なんだけどなあ」と言いながらまんざらでもない顔をした。初めて自分が帰れる場所ができたと感じるいっぽう、カオリさんにはますます母親が重くのしかかった。

母の家事代行出勤は滞ることがなかった。掃除から買物まで完ぺきにこなしてくれるので、カオリさんにとって大きな助けになったのは事実だ。しかし、帰宅して整然と整えられた部屋に入ると、そこには必ず母の痕跡がひそかに残されているのだった。カオリさんには、まるで鋭い針が一本ずつ胸に刺さるような思いだった。

寝室には手をつけないでほしいと頼んだにもかかわらず、ある時は二人のベッドのシーツにアイロンがあてられていた。まるでホテルのベッドメーキングのように。ある時は、食器棚を開けたとたん、見知らぬマグカップが目に飛び込んできた。カオリさんはそれが母のものだということがすぐわかった。家事が一段落した後で、母がゆったりとリビングの椅子に座り、このマグカップでお茶をすすっている様子が目に浮かんだ。ちりひとつないリビングに母の気配だけが濃厚に漂っている。まだどこかに隠れているのではないか、と思わず身震いをしながら、目立たないようにじわじわと黒木との生活の中に侵入してくる母のたくらみを、手に取るように理解した。

しかしどうすればいいのだろう。たとえ断ったとしても、母は軽くいなしてしまうに違いない。「あら、遠慮なんかしなくていいのよ。カオリたちのためならママはなんでもしてあげたいの」……。鋭い刃を向けても、魔法のビームによってくったりと柔らかく折れてしまう。そんないつもの無力感にさいなまれながらカオリさんは母のマグカップをじっと眺めた。

いやなことはやめよう

一二月に入ると、カオリさんはだんだん気分が重くなった。年末から年始をどう過ごせばいいのかを考えるだけで頭痛がした。そんな妻の様子を黒木は察して、ある日問いただした。

「最近食欲もないし、やせてきたよ。何か僕に言えないことがあるんじゃないの？」

できるなら、このまま母のことは語らないでいたいと思っていたが、そう問われたとたん思い切って全部話してしまおうと思った。今まで誰にも言えず、おそらく理解されることなどないと考えてきたが、このひとにだけは話さなければならないだろう。カオリさんは決心をして語り始めた。

年末は実家に帰りたくない、それは母の予定通りにお正月を過ごさなければならないからだ。このマンションの掃除に来てくれることもほんとうは断りたいのだ。母は私たちの生活をすべて把握したいと思っており、そのためによろこんで掃除に来ているのだ。どうこう語りながら、カオリさんは言葉にするんじゃなかったと後悔し始めていた。

してこんなくだらないことで自分は苦しんでいるのだろう、目の前の黒木にしてみたら単なる私の甘えやわがままに過ぎないと思えるだろう、母に依存している未熟な私のささやかな抵抗なのかもしれない、という気がしてきた。いったい私は何と格闘しているのだろう、ばかばかしい、滑稽なほどくだらないことではないか……笑い飛ばせばすべてが雲散霧消するほど瑣末《さまつ》なことばかりだ……。

突然笑いが込み上げた。笑いの波は全身を覆い、肩を震わせながら笑い続けた。黒木は驚いてそんなカオリさんを不安げなまなざしで見つめている。それでもカオリさんは笑い続けた。

「どうして笑ってるの？　少しも面白くないよ」

黒木がぽつりと言った。

その言葉で我に返ったカオリさんは、しばらく肩で息をしながら首を落としてうつむいた。このひとはこんなくだらない話なのに真剣に聞いている。滑稽ではないと言っている。それなのに私には笑うことしかできなかった。怒ることも叫ぶこともできず、面白いわけでもないのにただただ笑うしかなかった。そんな自分がたとえようもなく恥ずかしく、みじめに思え、涙があふれた。涙は堰《せき》を切ったように流れ続け、嗚咽《おえつ》になった。

それから一〇分ほど経っただろうか、やっと泣きやんだカオリさんに向かって黒木は言った。

「僕はそれほど鈍感な人間じゃないよ。一〇〇%カオリの言うことが理解できたかどうかはわからないけど、いやなことはやめようよ。無理することはよくないよ」

大晦日、実家から突然飛び出したカオリさんに黒木は何も言わずに付き添った。自宅のマンションで、カオリさんは昏々《こんこん》と眠り続けた。新しい年になってからやっと目覚めたカオリさんは、黒木にきっぱりと宣言した。

「これからしばらく、母には会わないことにします」

その時のカオリさんは悲愴な顔をしていたと、ずいぶん後になって黒木は言った。道が険しいことを知っていたからこそ、あのように宣言せずにはいられなかったのだ。何より黒木に決心を聞いてほしかった。揺らぎそうになったり、母からさまざまなアプローチを受けた時、黒木という定点が存在することでなんとかしのげると思ったからだ。私を守ってほしい、母との関係を絶つことにともなってこんなにも不安になってしまう私を支えてほしい……カオリさんは黒木の目を見つめながらそう思った。

長い不調

あれから長い時が流れた。カオリさんは弁護士として二年間仕事をしたが、現在は休職をしている。母親から離れることは想像以上に大変な作業だった。自分の中に二〇年以上積み重ねられた記憶を反転させることは、身体を切り裂くにも似た苦痛と葛藤を呼び起こし、睡眠がとれなくなったりもした。体調もすぐれず、一日中外出せずに自宅で寝込んでいることも珍しくなかった。思い切って精神科医を探し、軽い入眠剤と抗うつ剤を処方してもらった。時にはカウンセリングを受けようかと思ったが、あまりに体調が悪く、それは断念した。

何よりカオリさんを苦しめたのが、母からの手紙攻勢だった。最低でも月一通の手紙が届いた。最初のうちは、思いのたけをぶつけたりののしったりする返事を書いてみた。ところがカオリさんの怒りを吸い込んでますます巨大化するような母の思いが、次の手紙に結晶して届く。こんなやりとりを続けるうちに、手紙を開封することもできず、捨てることもできなくなった。溜まる一方の手紙の山を見るたびにますます気分は落ちていく。ついにはマンションのメールボックスの前を通ることすらできなくなった。

黒木は何も言わなかったが、おそらく事務所に母からの電話が入っているのではないかと思った。自分の勤務先にも母は手紙を送りつけたくらいなのだから。それくらいのことは平気でやるひとだ。そのこともカオリさんを苦しめた。私と結婚したがために、このような苦労をさせてしまったことは申し訳ない。黒木がやさしければやさしいほど、うつ状態にあるカオリさんは自分を責めた。

ある夜の夢

ある朝目覚めた時、カオリさんは涙を流していることに気づいた。夢だとわかっていたが、まぶたの裏にあの夢の中の光景、触感がありありと残っていた。

カオリは白一色の世界に立っていた。よく見ると正方形の部屋の中だった。足元も見上げる天井も、そして四方の壁も白く輝いていた。

「なんて明るいんだろう」

そうつぶやいて四角い部屋の中央に目を凝らすと、そこには細長いベッドが置かれている。ベッドの足も白色で、その上には純白のシーツが敷かれ、白い衣装を着たひとが横たわっている。

身じろぎもせず、目を閉じたままのそのひとの皮膚は、まるで人形のようにつるりと滑らかだ。床に触れるほど長い袖のあいだから出た指は胸のあたりできっちりと組まれている。

吸い寄せられるように近づいてその顔を覗き込んだカオリは、それが母親であることを知った。穏やかな母の顔を見て、カオリは静かに右手を高々と持ち上げた。

いつのまにかそこには純白に光る剣が握られている。

その剣を垂直に下ろし、母の心臓めがけて突き刺した。

ふっと吸い込まれるように剣は母の体内に食い込み、カオリはその時の感触をたしかめて、剣から手を離した。赤い血が流れるわけでもなく、何かが聞こえるわけでもない。すべてが静止している。

白い剣を胸に突き刺したまま、これまで見たこともないような白い顔をした母はベッドごとふわりと浮きあがった。部屋の床や壁は少しずつ輝きを増し、まぶしいほどの光を放ち始める。母を載せたベッドはそのまま高く高くのぼっていく。いつのまにか天井は開け放たれ、その向こうには夜空が広がっている。はるかにどこまでものぼっていく母を見つめながら、カオリは静寂の中で立っている。


どうしてこんな夢を見たのだろう。ベッドの中でカオリさんはつくづくと考えた。夢の中で母の心臓に剣を突き刺した時の感触が、ありありと右手に残っている。しかしあの時の母の顔は安らかだった。白く、滑らかな皮膚の母は剣を刺されてもみじろぎもしなかった。

今までで一番美しい母だった。カオリさんが一度も会ったことのない少女時代の母を見た思いだった。

あの白い部屋の光、剣を刺されたまま空高くのぼっていく母の姿は、まぶしいほどの美しさだった。脳裏に残る神々しさに打たれて、カオリさんのほおには再び涙が流れた。不思議と気持ちは落ち着いていた。おそらく現実に生きている母を見れば、ふたたびこころは乱れてしまうかもしれないが、こんなしみじみとした感慨をおぼえたことは忘れないだろう。あの高く高くのぼっていく母の姿を見上げながら味わった、静かで穏やかな感覚もきっと忘れないだろう。たとえ夢であっても、そうやって母の姿を見送れたことは、これからもずっと記憶の中に残り続けるだろう。

その時をさかいに、少しずつカオリさんは活動的になり、外出もできるようになった。

妻を守りたい――墓守娘の夫の視点

カオリさんが母との関係を見直すきっかけをつくったのは、黒木である。つづけて、黒木の視点から見たカオリさんとノリコさんについて述べることにしよう。

＊

カオリの驚き

知り合った当時から、カオリはあまり感情をあらわにしないところがあった。一見無表情で冷たい印象を受けるのだが、ふとした拍子に見せる少女のような含羞に黒木は惹かれた。親しくなるのにそれほど時間はかからなかったが、カオリは何度も「こんな私でいいの？」とたしかめるのだった。

また、自分のことなどあなたには理解できるはずがないという強い思い込みが随所に感じられ、その都度黒木は辛抱強くそれを否定し続けた。それまでに女性と付き合った経験がなかったわけではないが、一生のパートナーとしてカオリを選ぶことにためらいはなかった。自分の家族のことも知ってもらおうと思った黒木は、まず弟と会わせ、それから両親に引き合わせることにした。自分の母はパートの経験しかなく、のんびりとしたおしゃべり好きだったので、勉強ひとすじだったカオリはどう思うか気になっていたのだ。ところが最初に両親に会ったその日の帰り道、珍しく興奮した様子でカオリが言った。

「今日は特別だったの？　いつもあんなふうじゃないよね？」

黒木は笑いながら、特別にしようとしたけれど失敗したようだ、ほんとうに世間知らずな母だから気を悪くしないでほしいと答えた。カオリは心底驚いて、畳み掛けるように尋ねた。

「いつも、あんなふうに笑いながら食事をしてるの？」

カオリにとって黒木の育った家庭は驚きの連続だったらしい。それほど豊かではないが、あまり波風の立たない家族だったし、両親はそこそこ仲のいい夫婦だった。平凡すぎて引け目を感じていたが、カオリにとってはこの上なくうらやましかったようだ。それから現在に至るまで、カオリは黒木より母親と過ごす時間のほうが長いほどだ。仕事を辞めて自宅で臥《ふ》せるようになってからは、黒木の実家でカオリを一カ月間預かってくれた。弱々しげに「ここが私のシェルターかも」とつぶやいて少しだけ笑みを浮かべたカオリの顔が、黒木は今でも忘れられない。

待ち伏せ

大晦日の夜、時折体を震わせて泣きながら帰宅したカオリは、もう実母とは会わないと宣言した。正直に言えば、その時黒木はすべて納得していたわけではない。いったいあの世話好きなノリコさんを、なぜここまで拒否するのだろうという疑問がこころの片隅に残っていた。

しかし、憔悴《しょうすい》しているカオリを目の当たりにして、とにかく自分が守らなければならないことだけはわかった。カオリの宣言が何を引き起こすか、その時はまったく想像もつかなかったのだ。

ノリコさんは、それからというもの、あらゆる方法を使ってカオリに接近しようとしたらしい。別々の事務所に勤め始めた黒木は毎日忙殺されていたので、同じくらい忙しいはずのカオリにどのようなことが起きていたのかはわからなかった。カオリも心配をかけまいと黙っていたようだ。

メールや電話は拒否されるとわかってからは、どうやって調べ上げたのか、母親はカオリの事務所の周辺に出没するようになった。そして、事務所のメールボックスにカオリへの手紙を投函するという行為に一度ならずも及んだ。消印のない直接投函の手紙は、弁護士事務所では危険物扱いである。差出人が自分の母であることを告げる時のカオリは、どれほどつらかっただろう。

何度もカオリはその行為をやめてくれるように手紙を書いたようだ。手紙を書くまで、そして書き終えるまでにカオリはかなりのエネルギーを使った。その甲斐があって、母親がカオリの事務所の周囲に出没することはなくなった。

しかし、今度は自宅の近くで待ち伏せされているのではないか、と恐れ始めた。その不安そうな様子を目の当たりにして、黒木は思い切って転居することにした。その疲労も重なったのか、カオリは少しずつ元気がなくなっていった。不眠を訴え、食事量も減った。そして二年が過ぎたころ、思い切って休職をすることにしたとカオリは告げた。一年間くらいのんびりすれば元気になるだろうと、その時の黒木は軽く考えていた。

ある日のこと、昼食をとるためにエレベーターでビルの一階に降りた黒木の前に、突然カオリの母が立ちふさがった。おそらく待ち伏せしていたのだろう。彼女の目つきは、最後に会ったあの大晦日の時とは全く違っていた。そこにわずかの狂気を感じた黒木は、思わず後ずさりをした。

丁寧におじぎをしたカオリの母は、顔をあげてから思いつめたように言った。

「お久しぶりです、少しお時間をとっていただけませんか？」

昼休みを長めにとることにして、黒木は事務所の近くにあるレストランで、ランチを食べながらカオリの母の話を聞いた。まとめれば内容は次のようなものだ。

「あなたたち親子三人が、私の悪口をカオリに日夜吹き込んでいるに違いない。結婚するまであんないい子だったのが、あのように変わったのはすべてあなたたちのせいだ。まるで娘を拉致されたようなものだ」

「カオリをここまで育て上げた私が、どうしてこのような目に遭わなければならないのだろう。きっとカオリがどうかしているのだ。うつ病ではないだろうか。病院に連れていきたいので会わせてほしい」

「実の母親に会いたくないなどとひとの道に外れたことを言う子ではない。あなたが陰で糸を引いているのだろう。カオリのことは私が一番わかっている。会えば必ずあの子はもとの素直なカオリに戻るはずだ。会わせないように策略を練るなんて弁護士として恥ずかしくないのか」

ふだんは温厚な黒木だったが、さすがに、あまりの言い分に怒りが込み上げてきた。反論しようかと思ったが、ランチには手を付けず立て続けに話し続けるカオリの母を見ていると、奇妙なことに怒りが萎えてしまった。

どうせ何を言っても耳に入らないに違いない。このひとは話をやめないだろうし、考えを変えようともしないだろう。そんな無力感が全身を襲った。黒木がこれまでの人生で、一度も経験したことのない感覚だった。カオリが生まれてからずっと味わってきたものの一端に触れる思いがした。

黒木は聞きながらとにかくランチをほおばった。目の前で話し続けるカオリの母親を正面切って受け止めるのは、弁護士といえどもかなり困難だったからだ。そろそろ四五分を過ぎたころ、黒木は切り出した。

「お母さんのおっしゃっていることはとにかく承りました。僕としては、同意できない部分のほうが大きいです。そのことだけはお伝えしておきます。それに、今日うかがったことはカオリには伝えないでおきます。僕の胸のうちにだけしまっておきます」

冷静にそう語り、コップの水を一気に飲み干してから、黒木は伝票をもって立ち上がろうとした。

カオリの母は、一時間近くしゃべりきったせいか放心したような顔で座っている。どこか力ない表情で、会った瞬間の異様な空気は影をひそめていた。しかしテーブルを離れようとする黒木の気配を察したのか、突然背広の上着をつかんでうめくように言った。

「これだけ言っても、カオリに会わせないのか！　ひとでなし！」

黒木はその手を振り払うようにして、レストランを出た。

開封しない手紙

カオリには何も伝えなかった。勘の鋭いカオリは何かしら気づいていたかもしれないが、一切カオリの母に関することは口にしないことにした。

黒木の実家にも、その後四通の手紙が届いた。最初の手紙を読んだ母から驚いて連絡があったので、黒木は実家に出向いてこれまでの経緯を両親に説明した。にわかには理解できない様子だったが、その後激しさを増す手紙攻勢にほとほとまいってしまい、やっと事の深刻さを理解したようだ。

内容は、カオリに何を吹き込んだのか、親を捨てろという新興宗教のような洗脳は論外だ、娘を拉致されたようなものだ、これ以上カオリと会わせないのなら裁判を起こす……などとエスカレートしていた。

黒木は、とにかくカオリには何も言わないでほしいと頼んだ。カオリの父に連絡をとってノリコさんにブレーキをかけてもらったらどうかという両親の意見に耳を傾けた。しかし、そもそもカオリの両親が意見交換ができる状態であれば、こんな風に母親が妄想に近い思いを抱える状態にまで自分を追い込むことはなかっただろう。それにあの酔っぱらった父親の様子からは、ノリコさんに暴力をふるった可能性も捨てきれない。弁護士としての経験からそう思った。詳しく説明しなくとも、黒木の両親は息子が出した結論を受け止めた。そしてひたすら、嵐の過ぎ去るのを待つように、なんの反応も示さないことで一致した。

「カオリちゃん、ほんとうにたいへんだったのね」と母が黒木に涙ぐんで話すのを聞きながら、実の母親でありながらカオリが何を怖がっているのかを一切理解できないまま、どんどん傷口を広げるような対応に終始するノリコさんのことが、少しだけ哀れに思えた。

カオリの母の攻撃対象は、黒木から黒木の両親へと移り、そして最後はカオリへの飽くことのない手紙攻勢へと戻っていった。

転居先は知らせずにいたのだが、いつのまにか住所を探し出していた。最初に見覚えのある母の字の手紙を見た瞬間、カオリはパニックを起こしてしまった。呼吸が落ち着くまでかなり時間がかかった。区役所に行って戸籍を開示してもらったのか、それとも黒木を尾行したのか、どのようにしたのか見当がつかなかった。

ひょっとして、自分の留守中に母親が訪ねてくるようなことがあるかもしれない。そう考えた黒木はいつもカオリに戸締まりだけはきちんとするようにと言い残して出勤した。何か実力行使めいた事態が起きた時は、あらゆる手段を使ってカオリの母の不当性を証明しようと考えた。

さまざまな法律知識を駆使して、カオリへの接近を禁止できないかと判例を探したりもした。

そんな黒木の覚悟が伝わったかのように、手紙の頻度は月一通にまで減った。メールボックスを開けるのは、黒木の役割だった。用心深くカオリの母の手紙だけを除《よ》けて、カバンに入れる。捨てるのも怖く、家のどこかに手紙があることも耐えられないというカオリのために、黒木は仕事場にもっていき、机の引き出しの一番下に保管することにした。もちろん開封しないままで、だ。

初雪を眺めながら

仕事を休んで、時々黒木の実家で泊まったのが功を奏したのか、カオリの状態は少しずつ改善し始めた。自分で探した近所の医師から睡眠導入剤や抗不安剤を処方してもらってからは、少しだけ顔色もよくなった。

カオリのために、自分ができることはなんだろうと黒木はいつも考え続けてきた。母親について触れないこと、手紙を見せないようにすること、いざとなれば法的措置をとる覚悟をしておくこと。でも、どうしたってあの母親を変えることなどできないだろう。結局カオリを救うことはできないのだ、と考えると、そんな自分が歯痒《はがゆ》く思えた。

あの大晦日の出来事から丸四年が経った一月の日曜の朝、珍しくカオリがすがすがしい顔で起きてきた。

マンションのベランダには、枯れた植物の鉢がいくつも積まれている。花を育てる気力など失せていたカオリを象徴するような光景だ。

その上に白いものがふわりと降りてきた。

「あらっ、雪じゃない⁉」

カオリが声を上げた。灰色の冬の空から雪が舞い降りている。「初雪だ」と思わず二人で声を合わせた。

しばらく黙って次々と降ってくる雪を眺めながら、カオリは言った。

「ほんとうにありがとう」

少し間を置いて、黒木はつぶやいた。

「これくらいのことしかやってあげられないんだ」

「そんなこと言わないで。あなたと結婚しなかったら、私、今頃生きていなかったかも」

カオリは強い口調で主張した。

「病気になってたかもしれないし、ひょっとしたらママを殺してたかも……」

「……」

「今朝、とってもいい夢を見たの。内容は秘密だけどね。少しママのことから卒業できるかなって思えるんだ。それに、あなたのそばにいれば安心だし、シェルターだってあるしね」

久しぶりに微笑んでいるカオリの横顔を眺めながら、黒木は少しだけ未来に光が見えるような気がした。

カウンセラーの視点

母と娘、娘の夫という三人による長い物語を述べてきた。もちろんこれはフィクションではあるが、多くの「娘」「息子」から絶縁された母親の姿がノリコさんに集約されて表現されている。ではいったいノリコさんはカウンセリングにやってきてどうなったのだろう。物語の最後にいよいよカウンセラーが登場することになる。

＊

痛切な手紙

いったいこれまで何通の手紙を書いたことだろう。カオリにばかりではない、黒木や黒木の両親にも手紙を書いた。しかし黒木とその親は、返事すらよこさなかった。カオリは内容はともかく返事を書いてよこしたのに、あの親子は人間として許せない。親子そろってまったくなってない、とノリコさんは憤った。

カオリからの手紙の束は後生大事にしまってある。もう何回読み返したことだろう。ほとんど暗記してしまったほどだ。いったいなぜこのような馬鹿げた行為に及んだのか、黒木たちがどのようにしてカオリをたぶらかしたのかを文面からせいいっぱい推測した。そしてノリコさんなりに反論もし、今後の対策を練ってきた。

宗教も精神科医も利用できるものはなんでも使おうと、手当たりしだい探してきた。残念だったのは、優しい娘を結婚相手とその親に奪われてしまった母親の悲劇を、誰一人として理解してくれなかったことだ。例外はある宗教団体の幹部だった。お嬢さんはいずれ目が覚めるはずだ、母親を捨てるなどという人の道に外れたことをしていれば必ず罰が当たると断言してくれた。しかしその宗教活動を続けるにはあまりにお金がかかりすぎるので、断念した。精神科医も以前述べたように挫折した。

そのような長い道のりを経てノリコさんは私の前に現れたのだった。

懇願されて、娘のカオリさんから来た何通かの手紙のコピーに目を通した。明快な論旨の文章だったが、一生懸命抗議しているぶんだけ、文字の裏側からは悲痛な感情が浮かび上がる。もうこれ以上近寄らないでほしい、私は幸せな人生を送ろうとしているので自由にさせてほしい、初めて自分の人生を歩めるようになった……。必死になって思いのたけをぶつけるような、あえて感情的な表現をこころがけようとする痛々しいほどの努力がなければ、書けない文章だ。おまけに、ノリコさんを拒絶しながらも、最後の詰めの部分では母への思いやりや傷つけまいとする配慮を忘れてはいなかった。いったいどれほどのエネルギーを費やして書かれたものか、書き終わった後の罪悪感と疲労感はいかほどのものだろう、と読み進めながら胸を打たれる思いだった。会ったこともないカオリさんという娘が、目の前で圧倒的存在感を示しながら座っているノリコさんの背後にひっそりと立ちすくんでいるかのような錯覚におそわれた。

完璧な反論

気を取り直して、ノリコさんに質問した。「私が悪い母親だったんです」「私が子育てを間違えた」というフレーズをまるで接頭語のように繰り返すことに正直辟易《へきえき》していたので、具体的に反省内容を確認しようとした。

「いったいどんな点が悪い母親だったとお考えでしょうか」

ノリコさんは、ためらわず即答した。

「母親なのに、あの子の気持ちをわかってあげられなかったことです」

「どんな気持ちだったと思われるのでしょうか。現在ならお嬢さんの気持ちをわかってあげられるとお考えですか」

「それは大丈夫です。この四年間私も苦しみながら考え抜いてきましたので、カオリの考えていることはちゃんとわかってあげられると思います」

自分は娘のすべてを見通せる存在であるという揺るぎない確信は、どこから生まれてくるのだろう。これほどまでに意を尽くして書かれた手紙を読んでもいっこうに崩れることのない自信は、この中年女性のどこに胚胎《はいたい》しているのだろう。半ば想像していたこととはいえ、その確かさと堅固さに好奇心すら覚えた。

「なんとか私の気持ちをカオリに効果的に伝えられる方法はありませんか？　いくつか誤解されている点がありますので、正しい真実を伝えてあげなければと思うんです。あの子はうつ病に間違いありませんので、感じ方がちょっとだけゆがんでいるのはしかたないんです。だけど、母親しか言ってあげられないことがあるんです」

そう言っておもむろにノリコさんは、少し古びたブランドバッグの中から自分の書いた手紙のコピーらしきものを取り出して私に渡した。

書かれてある内容は、想像を超えるものだった。最初から最後まで、カオリさんの手紙に対する反論と、いかに自分が苦労をして娘を育てたかの説明に終始していた。特に「あなたはひょっとして私の弁護士としての人生に嫉妬しているのではありませんか？」というカオリさんの手紙の一節に対しては、延々と激しい反駁《はんばく》が記されていた。「母親の主張を受け入れるために、おしゃれも我慢していた」という一節に対しては、自己主張の下手な娘のためにどれだけこころを砕いてきたか、自分こそ買いたいものも我慢してあなたのためにお金を投資してきたのだ、と一蹴している。

まるで大学院のゼミで参考文献を批判的に検討しているかのような、具体的で完璧な反論内容を読んでいるうちに、話を聞いている時にはわからなかったノリコさんの思考力と表現力に気づかされた。生まれた時代がもう少し遅ければ、女性の社会進出の機会は多少は増えたはずだ。ノリコさんはこの能力を仕事に発揮することもできただろうし、そこそこの業績を上げることも可能だっただろう。そして皮肉にも、カオリさんの理知的な思考法の源泉のひとつはノリコさんから受けついでいるような気がしたのだ。

言葉にして表現されることとされないことがある。カウンセリングにおいて無意識に生じているものを解釈することを私は避けているが、それでもノリコさんの長文にわたる完璧な反論内容を読むと、カオリさんの離反と手紙による宣言がどれほどノリコさんに深刻な打撃を与えたかがわかるように思われた。

しかし、それをノリコさんに伝えることは避けた。なぜなら、ノリコさんはこれ以上一歩も動こうとしないだろうと思ったからだ。カウンセリングにやってきた理由はたったひとつだ。接頭語めいた「私が悪かったんです」という言葉とは裏腹に、とにかく自分の考え方を支持してもらい、それを効果的にカオリに伝える方法を教えてもらうためだった。その力添えをしてくれるカウンセラーとして私が選ばれたというわけだ。

このような動機でカウンセリングを訪れるひとはめずらしくない。むしろ一般的と言ってもいいだろう。カウンセラーに対する期待とその対価としてのカウンセリング料金は、私たちの仕事を成立させている基本的構造である。

しかし、クライエントである彼女を支持できるかどうかは私にかかっている。

ノリコさんの主張は明快である。

カオリはうつ病だから、このようなゆがんだ主張を繰り返している。まったく理にかなっていないのではっきりと正しておかないとますます人生の判断が狂ってしまう。すべては黒木との結婚から狂い始めた。黒木とその両親が自分の悪口をあることないこと吹き込んだために、素直なカオリはすっかり洗脳されてしまったに違いない。あの収容所のような場所からカオリを一刻も早く引き離さないと、手遅れになるだろう。弁護士としての仕事もうつ状態が長引けば不利になるので、なんとか実家に戻したい。そうすればカオリは以前のような素直でまっとうな娘に戻るはずだ。カオリの仕事を支援することは少しも苦ではない。これまで同様にカオリのために尽くしてあげる覚悟はできている。

このストーリーはカウンセリングにやってきた当初から寸分の狂いもなく維持されてきた。私の口からこのストーリーを復唱してみせると、ノリコさんは感嘆しながら満足気な笑みを浮かべた。

「さすが先生ですね」

「ふつう」を担保する黄金律

「カオリさんから今は返信がまったくないということは、手紙が未開封という可能性もあります。カオリさんが手紙の封を切ってくれるかどうか、まずそれが関門ですね。手に取ってもらうために何より大切なことは、ノリコさんのどこが悪かったのか、どう反省したのか、今後はどうしていくつもりかが具体的に書かれている必要があります。下書きを読んだ印象からは、それがまったくうかがえません。それどころか、自己弁護と正当性の主張、つまり言い訳に終始しているように思えます。手紙は不思議なもので、封を開けなくても、なんとなく内容が伝わるものです。今の内容ではきっとカオリさんは封筒を手にとることもしないでしょう」


伝えるべきことをためらわずにはっきりとノリコさんに伝えた。自己弁護や言い訳などと言われ、しかも娘に読んでもらうために必要なポイントまで指摘されたことで、一瞬ノリコさんはひるんだように見えた。しかし、すぐに体勢を立て直して私の顔をまっすぐに見据えた。

「でも先生、私のしてきたことってそんなひどいことだったんでしょうか。正直言って、私は世間の母親並みのことをしてきただけなんですよ。ごくふつうのことじゃないでしょうか。それなのに、こんなに責められるなんて、カオリの考え方がゆがんでしまったに違いないんです」

途中からは訴えるように、すがるようにノリコさんは語った。

私はこころの中で快哉《かいさい》を叫んだ。ノリコさんは極めて正直に語っている。この言葉を聞くためだったと言っても過言ではない。ノリコさんは極めて正直に語っている。

私はこころの中で快哉《かいさい》を叫んだ。思い切った直言は、この言葉を聞くためだったと言っても過言ではない。ノリコさんは極めて正直に語っている。つまり世間や「ふつう」に従ってきただけなのに何が問題なのか。同じことをどの母親もやっているではないか。自分だけが間違っているはずなどない。だからカオリもそれに従うべきだ、と。

これは一種の黄金律だ。これを適用すれば、カオリさんの手紙の数々はあっという間に色あせてしまうだろう。おそらく現在も日本中の空気に瀰漫《びまん》している「ふつうの母親」像とは、この黄金律を背骨にしているのだ。

そんな黄金律に従うか、それともカオリという娘の苦しみに寄り添うか。どちらの立場に立つかで、まったく判断は異なってくるだろう。それほどノリコさんとカオリさんの主張のあいだには、深い溝がある。ノリコさんにはその溝は見えず、カオリさんにだけそれは見えている。

「カオリさんを動かす力は私にはありませんし、そんな名案などないことはおわかりでしょう。たったひとつあるとすれば、繰り返しになりますが、どこが悪かったか、どのように反省しているかを具体的に書くこと、そして何よりあやまることですね」

最後の言葉にノリコさんは顔色を変えた。

「あやまる？　誰がですか、私があやまらなきゃならないんですか？」

この瞬間、たぶん私というカウンセラーは使えないと判断したのだろう。さすがに声を荒らげることはなかったが、ノリコさんはうつむきながらぼそっと言った。

「考えてみます」

これが最後かもしれないと思ったので、私は頑張って話し続けた。

「こころからあやまることはできないかもしれません。だって一生懸命苦労して育ててこられたんですからね。しかし、カオリさんとあなたは別の人間だと思います。いくらおなかを痛めて生んだとはいえ、母には想像できない世界をもつことで娘は成長していくと思います。カオリさんはそのことを認めてもらいたかったのではないでしょうか。悪気がなくても相手が傷つくことはあります。そんな時、あやまることで関係回復はできるのではないでしょうか。納得できなくても、とりあえずあやまりの文章を書いてみませんか」

ノリコさんはうつむいたまま、バッグをハンカチで拭きながら私の言葉を聞いていた。

ちょうどカウンセリングの一時間が終わろうとしていた。

ノリコさんは腕時計をちらりと見ると、少し微笑んでこう言った。

「ありがとうございました。先生にはほんとにいろいろお世話になりました。もう少しよく考えてみます」

2　からまった糸をほどいてゆくために

「よき母」はどのように生まれるのか

無縁社会などという言葉が氾濫しているが、本書に登場する母娘は、その逆である。地域や家族、社会の絆が弱まっているので孤独死や虐待が起きる、というのがマスメディアの論調らしいが、私が目の当たりにしているのはそれと入れ子状態になっている「絆の拘束化」である。表出している現象の背後には、必ずそれと相反的な現実がひそんでいるはずだ。つまり、無縁社会化が進行しているのならば、その裏側には「縁」が濃縮され、腐敗寸前にまで至るという現実も生まれているのではないだろうか。

寄生植物としての母

沖縄の那覇市でよく見かけるのがガジュマルの樹であるが、この名前には、「絆」という意味があるという。ガジュマルのかくれた意味は「拘束」ですよ、と沖縄の某精神科病院長が教えてくれた。枝なのか幹なのか、根なのか判別しがたい無数の触手が絡み合っている光景は、見ようによっては不気味なほどに息苦しい。宮﨑駿のアニメ『千と千尋の神隠し』に登場するキャラクター「湯婆婆」のように、今にも動き出して私たちを搦《から》めとるのではないかと思えるほどだ。

植物つながりでもうひとつ挙げよう。

軽井沢のレストランの駐車場で、見上げるほどに巨大な寄生木《ヤドリギ》を見た。宿主である樹は弱々しいのだが、高い枝に寄生したヤドリギは枝や葉を隆々と茂らせている。おそらく宿主の樹をのっとってしまったのだろう。よく目を凝らさないと、ヤドリギと宿主はまるで一本の樹のように見間違えてしまう。

ガジュマルとヤドリギ。いずれも植物であるが、本書のノリコさんを如実に象徴しているように思えるのは私だけだろうか。肉食系、草食系というのは若者の新しい分類であるが、母親はむしろ植物にならって分類するほうがいいのではないだろうか。

さて、すでに述べたように本書の目的のひとつは、墓守娘たちが「母」を徹底的に解析できるようになることにある。なぜなら「敵」の動向、傾向を熟知していなければ、対策の立てようがないからだ。それでは相手の思うツボなのだ。

どこに出没するか、それはどのような周期か、この発言に対してどのような反応を返してくるか、わけのわからない感情の高まりを見せる時、それはどのような背景をもっているのか……などなど。これらに対して一定の基礎的視座を保持していなければならない。それがたとえ仮説であったとしても、まったくないよりはいいだろう。徒手空拳で対応するほど無謀なことはない。

正面突破の仮説、斜めからの仮説、うしろに回っての仮説。さまざまな推論をすればするほど知は豊かになる。何しろ正解がないのだ。なぜなら、当事者である母親自身がその加害性に無自覚なままなのだから。自由意思をもった一個の人間であるはずの母親なのだが、娘に対する行動はおそろしく無自覚なのである。

したがって、娘が構築した仮説を母親に提示してもおそらく反応は「???」に違いない。それでもいいのだ。仮説を構築できたことこそ娘が母親を超えた証左なのだから。ヤドリギやガジュマルに自分を知りたいという意欲がないように、母親たちも娘が自分のことをどのように解析するかに関心はないかもしれない。あるいは、ノリコさんのように、目くじらを立てて反論する母親はいるかもしれない。

いずれにしても、娘の解析と母親の自己像が一致することはありえない。それは不可能なのだから、娘はそれを望んではならない。娘がいちばん納得する母の解析、母の物語こそが重要なのだ。この章では、そのために知っておくべきことを述べたい。

いくつかの典型的な態度

ノリコさんに代表される母親たちの背景に、次のいくつかのポイントがあることを指摘しておこう。

①自負と承認欲求

ノリコさんがカウンセリングで見せた最後の反応を振り返ってみよう。
「私はふつうのことをしてきただけです」「どうして私だけが悪い母親だと言われなければならないのでしょう」。これは、自分の子どもから絶縁を言い渡された母親がそろって口にする嘆きである。嘘偽りのない衷心からの嘆きであり、ノリコさんはよい母になるべく生きてきたことは疑いない。

では何が欠けていたのだろう。

肝心の娘にとってよい母親ではなかったのだ。

よい母親とは「誰にとって」かを問わなければならない。後に述べるように、よい母の評価とは世間から子どもが評価されるという迂回路をたどる。母は単独ではなく、子どもに依存して評価されるしかないのだ。ノリコさんはひたすらカオリさんを優秀な子どもに育てあげ、弁護士という職業に就かせることに心血を注いだ。よい母と評価されるために。

それが子どもにとってもよきことであるからこそ、母は評価される。ノリコさんのように、子どものために洋服を買わずに我慢すること、塾で成績を上げるためにパートの給与を注《つ》ぎ込むことは世間からはよい母の姿とされる。カオリさんも当然そう思うものとされ、不一致を表面化させてはならない。世間からの評価と子どもからの評価は一致しなければならないのだ。

たとえば「本当はしたくなかったのに親がそうするよう強制した」と子どもが反論し親に暴力をふるえば、必ず子どもに非があることになる。つまり、子どもは親を評価してはならないことになる。これが隠されたもうひとつのテーマである。世間からの評価によって子どもの視点は圧殺されるのだ。

多くの母親たちは、子どもを生んで育てたことだけで十分よい母親だと考えている。特に子どもに対しては口に出さずとも「私が生んだからあなたが存在しているのよ」という途方もない自信を抱いているものだ。子どもに何か起きた時には「私の育て方が悪かった」「私は子育てに失敗した悪い母」というセリフを連発して反省したかのような身振りをするが、内心の根源的自信は少しも崩壊してはいない。外向きに「私なんて母親失格で」などと語るのを聞いてそれを信じてはいけない。

ところが、自信に満ちているくせに、ひとの評価が気になるというのが多くのパターンである。外部評価に左右されないのが根源的自信のはずなのに、そうではないのだ。

母という存在は子どもがいて初めて成立する。夫は妻がいて初めて存立できるのと同じことである。対になった言葉は、必ずその相手が存在することを示している。つまり男性は女性ではないことによって存在するのだ。人間というそれ自体で成立する言葉・概念とは性質が違う。

したがって自分が生んだ子どもによって母は評価される。美しく着飾ることでよい母になれるわけでなく、読書家であることがよい母の証明でもない。子どもが犯罪者や引きこもりになれば、「母親の育て方が悪かったからだ」という、自身のもしくは世間からの指弾を浴びることになるだろう。

したがって母親は子どもに対しては「私が生んだのだ」という自信に満ち溢れているいっぽうで、外部である世間からよき母であることの証明を得る手段として、評価の高い子どもが必要なのだ。だからこそ子どもを自分の望みどおりにしなければならないのだ。それはあえて子どもを奴隷として支配するのと違い、手が込んでいる。他者からうらやまれるほどの達成を子どもがなしえることによって、母の評価が上がるという依存が自信の裏側にあるのだ。

このように、母親は二重性をはらんでいる。アンビバレントというにはあまりに無自覚なのでこう表現する。それは、子どもに対しては根源的自信をもちながら、世間や他者からの評価は子ども次第であるという矛盾を抱えているからだ。生んだのは私という紛れもない事実に立脚する根源的自信と、子どもを通してしか評価を与えられないという依存性・自信のなさの双方が母になったとたんに女性を包む。

前者だけであれば泰然としていられるだろうし、後者だけであれば子どもに対する従属や謙虚さにつながるはずだ。それが混然一体となることで、後者の自信のなさを前者が補い、子どもに対する所有意識が発生するのではないだろうか。ちなみに、DV加害者の夫・男性に例えれば、経済的優位という紛れもない自信と、妻・女性に依存しているという自信のなさが、この二重性にあたる。

前者の自信は、事実のもつ重みと血縁をつなぐことの意味とともに生まれるだろう。いくつになっても「安産だった」「難産で死にかけたのよ」といった出産にまつわる物語を子どもに語って聞かせることで、否応なく自分の誕生がこの母という女性に負っているのだと自覚させることができる。出産時の痛みなど、その後に与えられる「母」というポジションの重みにくらべればはるかに軽いに違いない。

しかし、得られるものと同時に失うものも大きい。母親になって失うものは、体力以外にもある。子どものケアを一手に引き受けることに伴う自由時間、仕事に割く時間の喪失があげられるだろう。昨今仕事をしながら出産育児をする女性が増加しているが、それでも夫の育児・家事の協力度は先進諸国にくらべればおそろしく低いままだ。ということは、相変わらず仕事と育児の両立は女性に負担を強い、そこに再度母親の力を借りるという局面が生まれている。

このような背景から、ある種の母親にとっては、ケアを与えることが唯一のパワーを発揮できる方法になった。イクメン、介護する男たちという新たな男性像が登場してはいるものの、まだまだ伝統的な男女の役割分担の規範は根深く人々を支配している。

ここで再び、3・11を思い出してほしい。震災がもたらしたものは表向きは家族の絆の再発見と呼ばれているが、言い換えれば安全保障、保険としての家族の価値の再認識(困った時は家族だけが頼り)だったのだろう。家族成員に安心感をもたらし、外部の敵から守ってくれるものが家族の機能である。それに国家権力による介入への防波堤としての機能も果たす。

おまけに安全保障・保険の掛け金は無料である。無償であることが家族の最大の特徴である。しかし家族の安寧・安心は皆で肩を寄せ合えば生まれるというのは幻想である。それは天から降ってくるわけではない。多くは女性(妻・母)の存在によって支えられている。

母であり妻である女性は、もともとケアの与え手であることを期待されており、それが存在価値であると考えられてきた。彼女たちも日本国憲法のもとでは男性と同じ権利を有しているにもかかわらず、経済力や様々な理由で多くの差別や貶《おとし》めを受けてきた。そうなると女性たちにとって唯一のパワーの発露は「ケア」という回路を通すしかない。夫や子どもをケアする行為の中に、女性たちの屈折したパワーが込められているのだ。「あなたのために」「子どものために」といった通行手形のような娘たちへの殺し文句は、ケアの与え手としてしか家族や職場で存在価値を認められなかったことのひとつの帰結ではないか。

②選択と責任の放棄

母親たちの定番の言葉を集めてみると面白いことがわかる。これは年齢にかかわりなく二〇代の女性の発言にも、時には高校生の会話にも、耳をそばだてているとちゃっかり紛れ込んでいることがあるのだが。

「だってそうするしかなかったじゃない」「この年になるともうだめねえ」「やっぱり若いひとは違うわね」「男のひとってそんなもんでしょ」「そういうもんでしょ、世間って」

性別を逆転させれば、男性も同じようなことを話している。「もっとおとなになれよ」「女ってそんなもんだろ」と。いわば間欠泉のように会話の合間に顔を出すこれらの言葉に共通していることがある。過剰な一般化や、選択肢をせばめることによって迷いを断ち切っていくのだ。

それは「どうしようもなかった」「それ以上選びようがなかった」という選択不可能性の強調であり、一種の開き直りでもある。結婚相手や仕事、住まいなどを私たちは選びとらなければならない。昭和二〇年代の生まれである私たちの思春期に比べると、その娘世代の女性たちには圧倒的な量の選択肢が用意されている。昨今は就職難だがそれでも昭和四〇年代にくらべれば多い。それを前にして、おそらく多くの女性たちはたじろいでしまうのではないだろうか。

三つから選ぶのも、二〇から選ぶのも最終的には一つしか許されないとすれば、どちらが楽なのだろう。二〇の選択肢から選ぶほうが迷いは大きくなるだろう。選択肢の多様性の裏には選択することへの畏れがある。なんとか選ぶことができたとしても、選んだことにおいて「責任」が発生するからだ。結果が自分にとってつらく苦しい事態をもたらしたとしても、選んだのは自分なのだから引き受けなければならないと考えること、これが選択の自己責任の中身である。「だってそうするしかなかったじゃない」と言えば、選択肢は存在しなかったことになるし、迷いも責任も生まれない。

たとえば六〇代のクライエントは次のように発言した。「二〇代の終わりに親から勧められた結婚を断ることはできなかったんです。だって断ったら実家にいられなくなるから」。この語りから読み取れるのは、結婚するしかなかったこと、つまり選択不能だったことの確認である。なぜそれが彼女にとって必要だったかといえば、あのような男性を結婚相手に選んだ自分に見る目がなかったのではないか、といった自己責任を免れたいからだ。

「そうするしかなかった」という選択不能性の容認はあくまでも他者によって行われるものだろう。そこに至るまでに、選んだ自分に責任はあるという引き受けが十二分になされている場合だけ、他者はそれを容認してくれる。たとえばこんなふうにだ。

「やっぱり私が悪かったんじゃないでしょうか」「いやあれはどうしようもなかったんだよ、あなたの責任じゃないよ、どうしようもなかったんだよ」

ところが、母親たちは、自分からそれを主張する。私が悪かったんじゃないかとは思わず、「どうしようもなかったんだもんね」と言う。見事な開き直りである。この強力な鉄壁のような選択不能性の強調はなかなか突き崩せない。

彼女たちだって戦後民主主義教育を受けているはずであり、少なくとも一度は自分の人生を正面から考え、迷い苦しんだことがあるはずだ。なのに、あのぬれぞうきんのような、宿り木のような芯がどこにあるのかとらえどころのない人生へと、なぜ転換してしまうのだろう。

その転換はおそらく大きな挫折か不幸によってもたらされたに違いない。人生の早い時点もしくは思春期に自分を圧倒するような大きなものによって、大切な物事を投げ出さざるを得ない事態に遭遇したのだろう。ところが捨てる神あれば拾う神あり、投げ出したと同時により大きなものと同一化するという道が開けるのだ。その道をあゆめば、迷いや選択も責任も関係なくなる。その道を進むしかない。さもなくば挫折と敗北感にまみれた人生しか残されていないと考えたのだろう。

③世間を主語にする

さて、人生の選択責任を放棄した女性の多くは、「世間」と同化する道を選ぶ。目には見えないが空気の中に瀰漫《びまん》し、ことあるごとに私たちを追い詰める、あの世間と同化するのだ。

そうしたとたん、この上なく楽になる。世間を主語にして語ればどこでも通用する。「みんなそう思ってるわ」、と言えば自分の頭で考えなくても済む。世間体という分厚いカーテンの陰に隠れていれば指弾されることもなく、批判されることもない。それどころかカーテン越しに石つぶてを投げたとしても自分が投げたことにはならない。こうして彼女たちはなし崩し的に半ば無自覚に、世間と同化して生きていく。これを「おとなになる」と日本では言う。マジョリティ（多数派）はこうして形成されるのだが、実は同じ機制が学校においても働くことがある。詳述は避けるが、いじめの多くはこうして起きるのではないだろうか。

母親たちのあの正体のつかめなさ、批判するたびにその矢がブーメランのように戻ってきて娘である自分を射てしまう理不尽さは、母と世間との同一化によって起きていると考えられる。

④ミソジニー

母親が世間と同一化する背景について、もう少し見てみよう。その転機を言い表す言葉としてミソジニーをあげたい。これは女性の自己嫌悪、男性の女性嫌悪（女性蔑視）と定義される。

女性は成長するに従って、自分が女である、男ではない、というジェンダーを自覚するようになる。一説によると、私というアイデンティティーよりもジェンダーのほうが先に自覚されるという。当然周囲からの期待も異なるし、さまざまな制限が生まれる。なでしこジャパンが世界一になったが、彼女たちがサッカーの試合に出るたびに男子との差別を全く意識しなかったと言ったらウソになるだろう。

難しい言葉になるが「劣位の性」であることを自覚した時、自分が女であることを呪ったり、否定したくなったりする。そこから女性のミソジニーは生まれる。男女平等というスローガンがまったく現実にそっていないことは、国会議員や地方議員の数の男女比、経営者、大学教授の総数における女性の割合を見れば、歴然としている。はるかに女性のほうが不利な社会を私たちは生きてきたし、これからも生きていかなければならない。

しかしそのことを四六時中自覚していても、「どうせ変わらないんだからくよくよしても人生暗くなってしまう」……と言い聞かせ、ある時から私たちはミソジニーを見えなくする。そのとたん、女性が女性を差別する意識が生まれる。他の女性に自分が否定したい女性の特徴を見て、否定するのだ。女性の敵は女性と言われるのは、そのようなミソジニーが背景にある。

娘に対してもそのような否定感を明らかに表現する母は多い。「いやらしい」「女っぽくして媚びを売って」などと言うのである。ノリコさんのカオリさんに対する態度にもミソジニーがあることは明らかだ。女なんて、と思っている母ほど、娘より息子をかわいがったり、娘の女らしさを否定したりする。

この言葉が示唆するものを、どうしたら希望に転換できるのだろう。女性であることのつらさを同性として理解できるのだとしたら、母は娘の人生を応援する側にまわってあげるべきだ。しかし応援と称して娘の人生に入り込んでしまってはいけない。しごくシンプルに、娘が幸せに生きることの邪魔をせずにいよう、と思ってそれを実践するだけでも十分な応援なのだ。

⑤リベンジの道具に子どもを利用する

母親たちがガジュマルと化した地点に再度目を転じてみよう。すでに、彼女たちは人生の早期、もしくは思春期に深い挫折を味わったに違いないと書いた。ノリコさんを例にとれば、それは夫との結婚ではなかっただろうか。まじめな工場勤務だった夫が毎晩酒を飲んだこと、そして暴力をふるったことは、ノリコさんが望んだわけではない。自分が選んでもいないのに、殴られて会話すら成り立たない結婚生活を送らなければならないことをノリコさんなりに考え抜いた。

離婚という選択肢が頭をよぎったが、九州の親戚に自慢するためにこんな夫だけれど添い遂げること、そして娘をひともうらやむ優秀な子どもとして育て上げることを目標に置いたのだ。結婚という選択の結果、予想もしなかった苦痛が伴った。その生活を捨ててやりなおすという選択をせず、むしろその苦痛に耐えてでも夫との生活を全うしよう、優秀な子どもを育て上げようという道を選択したのだ。

しかしこの選択には夫と子どもが必要となる。つまり自己選択という言葉であらわされてはいるが、子どもであるカオリさんをノリコさんの選択の道具・手段とすることが含まれている。このことに対して危惧・配慮のかけらもないのは、ノリコさんがカオリさんを自分の一部であるかのように思っていたからだろう。

さらに、ノリコさんは選択をしたはずなのに、夫への深い嫌悪感と恨みから解放されたわけではない。日々の不満はたまり、イライラは募った。ノリコさんはそれらをカオリさんに垂れ流し続け、まるでゴミ箱のようにそれを聞かされたカオリさんはノリコさんに深い罪責感を抱くようになる。あの母親を救わなければならないのに、そうできない私が不幸にしているのだ、という思いに縛られていくのだ。これは被虐待児の心性と重なるものである。

したがって正確にはノリコさんは選択をしたわけではない。むしろカオリさんを使って夫や親族に対してリベンジをはかりたかっただけなのだ。選択をしたのであれば、責任が発生する。その責任を負うべきはまず無力な子どもであるカオリさんに対してだろう。そんな責任意識はノリコさんには皆無である。

「ママはパパと夫婦としてこれからもやっていくことにしたの。それはママが決めたことだから、カオリはなんにも心配しなくていいのよ」と言葉で、もしくは態度で示すことができていれば、カオリさんは母親から解放され、自分を責めずに済んだはずだ。

⑥娘を自分の一部と思いこむ

世間と同化した母の発言が娘にとって黄金律になることはすでに述べた。ノリコさんも、そして多くの母親もそれを水戸黄門の印籠にして、子どもによる判断を存在しないものとする。

世間から見たふつうのよき母親（ノリコさん）という基準と、カオリさんという娘にとってよい母親であるかどうかの基準とが食い違っていることもすでに述べた。正確に言えば、ノリコさんはそもそも娘が自分を評価し判断する基準をもっているとは考えてなどいない。

これはDV問題を抱える夫婦とまったく同じ構造である。私はDV加害者プログラムのファシリテーターとして活動しているが、加害者と言われる男性は、自分がひどい夫などと考えてはいない。浮気もせず、そこそこの収入があるだけで自分はよき夫であると考えているのだ。なぜなら「世間」ではそう考えており自分もそれに添っているからだ。

妻が耐えられず家を出てから、DV加害者プログラムに参加し、「妻はその時どんな気持ちだったでしょう？」「そんなあなたを妻はどのように思っていたでしょう？」などと質問されて愕然《がくぜん》とする。

「妻がどんなふうに感じているか、考えたこともありませんでした」

彼らは正直にこう答える。ずいぶんひどい夫だと感じる人もいるだろうが、少しも珍しい現象ではない。

一般的な人間関係において、相手がどう感じるかを推測しながらふるまうのはごく当たり前のことである。空気を読むということもその延長線上にある。

彼らの多くは妻から言われたことはよく覚えており、ひどい言い方をされたので思わずかっとなってしまったと述べるが、その時妻がどんな気持ちだったかは考えていない。

これは妻が自分の評価者であること、自分の行為を定義し評価する主体であることを認めていないことを表している。もっとシンプルに言えば、妻は他者ではないということになる。

母と娘についても同じことが起きている。ノリコさんにとってカオリさんは他者ではない。自分がよい母親だと考えているなら、娘であるカオリさんもそう感じるはずなのだ、世間がよい母、ふつうの母だと思えばカオリさんもよい母と判断するに違いない、と。

ＰＣのキーボードを打ちながら「私の手は今どんなふうに感じているだろう」などと想像するひとはいないだろう。「疲れたと言ってるから、そろそろ休んであげよう」と判断することもないだろう。手は私の一部だからだ。だからこそ、手の気持ちになる必要はない。自分の好きなように扱い、手のことは自分が一番知っていると思う。これは手を所有しているからだ。妻は夫に、娘は母にとってまるで体の一部であるかのように感じられているのだ。「カオリのことは私が一番よくわかっている」とノリコさんがつぶやく時、そこには自分の一部であるカオリさんが前提とされている。

ひとつ例をあげよう。

カウンセリングにあらわれたある母親は娘から絶縁宣言をされてもう五年も会うことができないでいた。娘の職場のある街まで出かけて行ったが、娘は母親に会うことを拒否した。娘はその一週間後手紙をよこした。

どうにも納得できないという顔つきで、その手紙を読んでほしいという母親の求めに応じて私は読んだ。

短い手紙だったが、そこにはこんな一節があった。

「お母さん、あなたにとって私は娘です。しかしそのこととあなたと私は別々の人間だということは両立するはずです。その一点だけをわかってほしいのです」

それを読んだ時、私は娘の苦しみがわかる気がした。同時に、母親がその一節にどうにも納得できないことも知った。

言葉としては理解できるはずなのに、納得できないことは多い。その知的理解と納得とのあいだの落差は何を表しているのだろう。娘と自分が別々の存在だと認めた瞬間に、母親の中で何かが大きく崩れてしまうのかもしれない。

①〜⑥まで、さまざまな方向からノリコさんのような母親たちを解析してみた。母に対する「どうして?」という墓守娘たちの悲痛な叫びへのいくばくかの回答になっただろうか。母は実はモンスターではないことが理解できただろうか。

彼女たちの言動を俎上に載せて描写しながら、私の胸は深い哀しみに浸される思いだった。ノリコさんも、墓守娘の母たちも、改めてふり返ってみるとやはり哀しい。その哀しみは、彼女たちを赦したり甘やかすためのものではない。同じ女性として痛いほどわかるからこそ、哀しいのだ。
その思いを、次項からの処方箋の部分に生かせればと思う。

墓守娘はあきらめない

多くの墓守娘たちにとっての課題は、母との今後の関係の持ち方ではないだろうか。

カオリさんのように理解ある夫に守ってもらえたり、二人三脚で取り組めるひとばかりとは限らない。震災後同居を強いられている娘たちもいるだろう。一人娘であるために、どうやっても母親の老後の介護から自由になれそうもないひともいるだろう。

前著においては、墓守娘たちの自責感を極力少なくするために「母親の責任を奪わず母にそのままお返しすることが、一人の人間として母を尊重することになる」「ここまで母親を理解しここまで母親のことを探求してきたあなたたちは親孝行である」といったメッセージを述べてきた。その点は何度も繰り返し読んでもらいたいと思う。

しかし残念ながら世の中は、世の常識は、変わらない。変わらないどころか3・11以降ますます強化されているように思える。メディアをとおして流される「家族の絆」は、よく見ると母を亡くした子の語る、あるいは、妻を亡くして茫然としている夫が語る、失われた絆だったりする。絆の中心にいるのはいつも母なのだ。母はどこにでも遍在している。このことと墓守娘たちの息苦しさはつながっている。

この日本で生きていく以上、完全に自分の姿をくらましてしまうことが不可能である以上、母親との関係の持ち方を工夫しなければならない。

順不同になるが、そのためのいくつかの方法を提示してみる。

いくつかの手だて

①夫に防波堤となってもらう

夫にこれまでのことを話して理解してもらい、母親と自分のあいだに防波堤として入ってもらう。ドラマ的には非常に効果的に思えるが、現実的にはそれほど簡単に事は運ばない。カオリさんの夫のように自分もノリコさんから被害を被った場合は別だが、多くの母親は娘の夫の前ではきわめて良識的で時にはかわいそうな母親を演じるのだ。

泣きを入れて、自分がどれほどかわいそうな母親かを示し、同情を買い、時には味方に引き入れてしまう。何しろ自分がかわいそうな立場にあることを、周囲にアピールすることで年を重ねてきたのだ。演技力にかけては何十年のキャリアがある彼女たちにとって、娘の夫をだますことは赤子の手をひねるようにたやすいことなのだ。

もしくはノリコさんのように娘の夫の社会的地位に目をつけ、夫婦そろって自分に対して恥ずかしく許されないことをしているのだ、と脅迫することもできる。手負いの狼のように、追いつめられると恐ろしいことも起こりかねない。

少々悲観的な内容になってしまったが、母との関係を却《かえ》って複雑にする危険性を覚悟しておく必要がある。

その上で必要なことは、パートナーである夫と息長く母親について話し合うことだ。なかなか理解されないかもしれないが、できるだけ感情的にならないように伝えよう。「どうしてわかってくれないのか」と腹を立てることは逆効果だ。「あなたを一番頼りにしている、私の味方になってほしい」と伝え続けよう。

②「中立・客観的立場はまやかし」と心得る

多くの男性たちは自分が「客観的」な人間であると考えているので、妻から訴えられれば公平であるために母の言い分を聞いたりする。その結果防波堤になるどころか、「母親の気持ちもわかる」などと言いだす可能性は高い。

夫と同様、墓守娘の父親も同じ態度をとることがある。「お母さんにはちゃんと理由があるんだよ」などと答えることも珍しくない。

中立、客観的立ち位置をとっていると標榜するのは夫や父だけではない。多くの援助者は例外なく「母親もかわいそうだ」「少しはお母さんの言い分にも耳を傾けたら」とアドバイスするだろう。これはアダルト・チルドレンやDV被害者、そして性暴力被害者などさまざまな被害者が精神科医療やカウンセリングの場において広範に経験していることだ。

「被害」という定義を受け入れたひとに対して、中立的立場を示す行為がそのまま加害者擁護につながってしまうことを強調したい。家族成員においては、娘の言い分と母の言い分の二つしか存在しない。中立に見える意見はほとんど母親の立場に立っているのだ。相手には相手の言い分がある、といった喧嘩両成敗的発言が中立なのだろうか。そのひとたちは、実は中立・客観の立場にある自分を守っているのであり、決して苦しんでいる墓守娘に寄り添っているわけではないのだ。

たとえば夫がそのような態度をとれば、墓守娘にとっては単に夫が寝返ったというショックだけではなく、世界中で誰も自分の苦しみを理解してくれるひとはいないのかもしれないという孤立感におそわれることになる。もっとも深く自分の苦しみを理解してくれているはずの夫ですら理解できないとしたら、やはりこの考えが偏っていて、こんなふうに思う私は鬼のような娘なのだろうかと思う。このように中立・客観的立場からの意見は現状を固定し、これからもずっとあの母から逃げられないと諦めてしまうことにつながる。

これらのことを知っておくと、周囲のひとたちを見分けられるようになる。墓守娘に必要なのは、苦しみに寄り添い、味方になってくれる存在だ。中立的な意見を述べるひとは、今のところ自分の味方ではないと見分けることができれば、そんな意見に動揺させられることもなくなるだろう。中立的援助者から二次被害を受けることもなくなる。そんな夫には、本書の内容を伝え、中立から味方へとポジションが変わるように働きかけてみよう。

③逃げる

このままでは自分も駄目になってしまうと考えて、母から身を隠す娘たちもいる。携帯電話の番号を変える、もしくは実家の番号を携帯の受信拒否リストに入れる、職場を変えるといった方法で、母親の前から姿を消すのである。

ＤＶの被害者が夫から身を隠す方法と基本的には同じである。彼女たちは、転居し、生活の糧がない場合は生活保護を受給し、姓を変えて生きなおす。役所の窓口で夫に対して住民票不開示の請求をすると、ＤＶの保護命令が出ていれば地方自治体では妻の住所を開示してはならないことになっている。しかし中には興信所を使って妻の居所を突き止め、殺害に及ぶ男性がいることはいくつかの不幸な事件が証明している。

しかし、母親に対して保護命令は発令されない。ストーカー規制法を母親に適用することも、きわめて困難である。逃げても娘用のシェルターがあるわけではない。住民票をたどれば、母親であればほとんど娘の居場所をつかむことは可能である。外国に逃げる以外に母親から姿を隠す方法は日本では残されていない。その点で、DV被害者よりも逃げられる確率は低いということになる。

それでも逃げることに意味はある。血縁という「絆」が強ければ強いほど、わずかの間でも母から身を隠すことで得られるものは大きい。砂漠のオアシスで水を飲み、咽喉を潤すことで、再び砂漠に歩を進めることはできるだろう。「永久に」「ずっと」といった保証はなくても、母の視線や息遣いの届かない場所で暮らすことで確実に変わるものはある。安心感やエネルギーが復活し、私が私であるという感覚もよみがえる。何より母を少し離れた所から見ることができるようになる。当初は落ち着かないかもしれないが、一週間でも一カ月でもいい、母から逃れて離れる時間がもたらすものは大きい。

④関係を断つ

母親はDV加害者のように相手を殺すことはしない。もっと別のことを望んでいるのだ。ノリコさんのように、娘（時には息子）が家出をした、連絡を断ったと嘆いてカウンセリングにやってくる母親は多い。彼女たちは「ふつうの娘（息子）に戻ってほしい」「世間並みの親子に戻りたい」と口ぐちに述べるが、それが娘にとってどんなに苦しいことかを忖度《そんたく》することはない。

母親に対して、はっきりと「会いたくない」「おつきあいできない」「以後は携帯でも手紙でも連絡をとりたくない」と宣言してしまうこと。これは合意の上ではなく、一方的なものである。しかし合意は望むべくもないのだから、それでいいと考えよう。がんばってそう考えるのだ。揺らぎのなさと強度こそ大切である。長年夫との力関係、母親同士の上下関係をくぐりぬけた母親は、自分より強い力で迫られることに対して、一見従順である。そして相手の自信が少しでも揺らぐ瞬間を鋭敏に察知する。墓守娘はそこを突かれないよう、一点突破されないようにしなければならない。

力の行使に一見従順な母親たちは、娘の宣言によってしばらくは沈黙を保つ。しかしそれで安心はできない。彼女たちはさまざまな方法を駆使し娘の現状を探る。もちろん娘の住所や職場も知っている。こうして母のほうも距離を保ちながらほとぼりが冷めるのを待っているのだ。すぐに強行突破しないのは、その結果、今よりもっと娘との関係が悪くなることがわかっているからだ。職場に電話をして探りを入れるような行為は、自分がみじめな母親である事実を晒《さら》すことになるので、世間体を何より重んじる彼女たちはそれをしないのだ。

娘を決定的に失い、世間体が悪くなることを何よりおそれているのであれば、その二点をストッパーにして、彼女たちの行動を制限できないだろうか。しかしストッパーは永遠ではない。母たちはいつも娘の動揺の気配に神経を研ぎ澄ましている。一定の期間、母親と関係を断つことができたとしても、それは緊張と力関係のバランス上に現在進行形で続くプロセスでしかない。

⑤少しずつ距離をとる

毎日母親に電話していた、週末は必ず母親と食事をしていた、春・秋の連休には母と旅行に出かけていた……こんな墓守娘たちにとって、④のようなあまりに急で激しい行動は却って危険である。母親がまだ若い（といっても五〇〜六〇代）うちは、そんなことをすると「〜ちゃん、仕事で疲れてるんじゃないの、ちょっとストレスが溜まっているみたいだからママが話聞いたげるわ」などと言われかねない。

少しずつ距離をとっていくほうが抵抗少なく現状を変えることもある。

たとえば、毎日の電話を「仕事で残業が多いから週末一回にしたいの」と言う。メールを一日五〜六通もよこす母親に対しては、「メールは必ず読むようにしてるけど、ほんとに忙しくて返信できないからそのつもりでね」と伝えておく。そして、言った以上、その頻度をちゃんと守る。一回でも例外を作ると、そこから元の木阿弥《もくあみ》に戻ってしまうからだ。

メールや会う回数を減少させる時に必ず摩擦が生じることも覚悟しておこう。母親たちは「どうして？」と尋ねるだろう。彼女たちを納得させるに足る説明はない。仕事を理由にすれば、「そんなにまでして会社に奉仕しなくちゃならないの？」「体は大丈夫？」「ママが手伝いに行ってあげようか？」と新たな接触の口実にされかねない。

すべて母の納得ずくでことを運ばなければならないと思わないことだ。墓守娘である自分の都合を優先させることを恐れない。こう自分に言い聞かせて勇気をもって回数を減らそう。

電話やメールにとどまらない。母親たちが善意と愛情と信じて疑わない行為のひとつに宅配便で物を届ける行為がある。突然きゅうりとなすが山ほど届く。泥つきの里芋が届く。いただきものらしいフォアグラの缶詰とソーメンの箱が届く。それに対するお礼の電話が遅れると、逆に叱責の電話がかかる。母からの宅配便が怖くてたまらないという女性は驚くほど多い。送り返すこともできず、ご近所に配ることもできない。まして自分の家では消費もできない。行きすぎた厚意、押し付けられた善意、感謝の強制はしだいに娘たちを恐怖で支配するようになる。

ある墓守娘は、ご近所の精神障がい者の社会復帰施設にそのまま横流しにするというルートを作った。通所者のひとたちは、母から送られた食品を本当に喜んで食べてくれる。その顔を見ていると、母に対する罪悪感も減るような気がしている。

ある女性は、即刻すべて廃棄するようにしているという。包装紙をはがす作業すら苦しくてたまらないからだ。あの母親が何を思ってどのような顔でこれを送ったのかと思うと、憂鬱でたまらず心臓が締め付けられるような気がする。廃棄した時はすっきりするのだが、その後三倍くらいの強度でず〜んと罪悪感がおそってくる。おまけにその晩にはお礼の連絡がないと文句の電話がかかってきて「親の心子知らず……」と延々電話で愚痴を聞かされる。その半分くらいは父に対する不満が含まれている。彼女は被害をこれ以上受けないように、ある決意をした。即刻廃棄し、間を置かず淡々とお礼の電話をかけて一〇分未満で切る。この一連の行動がとれるようになってからずいぶんと楽になったという。

⑥世代連鎖の呪縛を恐れない

子どもがいる場合は事態はもっと複雑になる。子どもたちにとっては祖母であり、「ママの実家」は子どもたちの世界においては重要な役割を果たす。お盆や正月休みのたびに、実家に帰りたくないと思う墓守娘は、いっぽうで子どもたちから祖母との交流を奪うのではないかという罪悪感にさいなまれる。自分と母のことをどこまで子どもたちに伝えるのか、黙っていたほうがいいのか、と迷うのである。祖母のことを子どもたちにどのように伝えるか、それを伝えることで、子どもたちにそれが連鎖するのではないかと悩む。実はこう訴える女性は多いが、私が正解をもっているわけではない。

ただ強調したいのは、世代連鎖は必ず起きるものではないということだ。あまりにこの言葉が広がりすぎたことで、逆に多くの母親がその呪縛に苦しんでいるのは残念である。母から受けた経験を自覚していれば子どもへの対応は変わってくる。繰り返したくなければ、そうしないよう努力するからだ。むしろ、親のことは済んだものとして考えないようにしているひとのほうが、繰り返す可能性は高い。だから、本書を手に取ったひとたちは、世代連鎖の可能性は低いという安心感をもってもらいたい。必要以上にこの言葉を恐れないでほしい。

⑦謝罪の言葉を引き出す

多くの墓守娘たちが、母との断絶を望みながら、その副作用が怖くてなんとか折り合いをつけてそれこそ薄氷を踏む思いで日々を暮らしている。中にはもう五年も会っていないのに、母のことが片時もこころから離れないひともいる。

絶望しながら、それでもふっとある瞬間湧いてくる思いがある。それをなんと呼べばいいのだろうか。「やっぱり親子の情だ」「それでも母親を大好きなんですね」と言った通俗的解釈をはるかに遠ざける、泥の中にハスの花が開くような、一瞬の奇跡のような一縷《いちる》の望みなのかもしれない。

「本当に悪かった、あなたに苦しい思いをさせたね」

こう母親から謝罪されたい、という願いである。

そんな言葉を母が言うなんて、ありえない。本書を読んでいるひとたちの多くはそう思っているだろう。これまで何百回も望んできたにもかかわらず、ついぞその片りんすら感じさせてくれなかった母親たちなのだから。

しかし、可能性はないわけではない。何人かのクライエントの話を聞いてそう思った。

カウンセリングにやってきたC子さんは、母親に謝罪させた一人である。C子さんの父は、酔って母にDVをふるい、C子さんにも彼女の幼少期から身体的虐待をしてきた。父が肝硬変で血を吐いて死んでからも、姉からの陰湿ないじめが続いた。母はC子さんの進学に心血を注いだが、引きこもり気味の姉のめんどうはC子さんに任せた。

四〇歳を過ぎるまで女性ばかり三人で暮らしてきたが、生活の柱はC子さんであり、異性との交際はすべて母につぶされてきた。アダルト・チルドレンという言葉を知ってから、「私の人生を生きたい」と切望したC子さんは、思い切って一人暮らしを始めた。生まれて初めて自分の意志で風呂に入りごはんを食べられる生活を手にいれ、生き返る心地がした。一年経って恋人ができた。いっしょに暮らそうかと話し合っているころ、母にがんが見つかった。

七〇代半ばの母は、抗がん剤治療を受けたが、しだいに足腰が弱り、認知症の初期症状も始まった。姉は一切母のめんどうをみなかったので、C子さんは、思い切って仕事帰りに病院に立ち寄る毎日を送った。

デパ地下で買った料亭仕立ての総菜を食べながら、母親は生まれて初めてC子さんに「ありがとう」とお礼を言った。驚いたC子さんは、これを境に少しずつ、幼いころからいかに悲しみを抱えてきたかを母に話し始めた。動くこともままならず、自分で食事も満足にできなくなった母を見ていると、ほとばしるように過去の思いが噴き出してきたのだ。

病院のベッドで目をつむって聞きながら、母親は何も反論しなかった。できなかったのかもしれない。

毎晩食事を食べさせてから帰途につくまで、C子さんはできるだけ冷静に姉からの暴力、母からの暴言がいかに自分を苦しめたか、高校時代の家事と勉強の両立がどれだけ困難だったかについて母に話し続けた。

母親はC子さんの話を理解しているのかどうかわからないほど静かにいつも聞いていた。そして最後は決まってこう締めくくった。

「そう、それはひどかったね。あたし、なんにも気付かなかったんだね」

そして亡くなる三日前に、母はこう言った。

「ほんとに悪かったね、ごめんねC子」

C子さんはその言葉を聞けるとは思わなかった。とうていありえないことだと考えていた。圧倒的弱者になった母が目の前にいる。自分次第でどうにでもできる、生かすも殺すも私しだいだ、という立場に置かれている。しかしC子さんは復讐しようとは思わなかった。たったひとつの言葉、「ごめんなさい」という謝罪、あやまりの言葉だけを聞きたかった。その言葉を母が口にした時、長年C子さんが生きるために必死で取り組んできた何かが終わった気がした。うれしい、感動した、涙が出たといったドラマティックな感情の波は何ひとつなく、コトリと音がして歯車が止まったような感覚だった。

C子さんはその時の気持ちをこう語っている。

「どうしてあやまってほしかったのかについて、いろいろ考えてみました。たしかに悔しかったし、怒りもなかったわけではありません。復讐したいという気持ちもありました。でもそれが望みではありませんでした。何より大きかったのは、母は私の苦しみを無視していたことです。いやそんな自覚などなかったでしょう。娘のことはすべてわかっていると確信していたからです。三〇代までの私がどれほど生きていくことに喘《あえ》いでいたかに関心すら払わなかった。私を見る母の目の中に私はいませんでした。母の作った私しかいなかったのです。それは私という一人の人間が母の中で殺され続けたのと同じではなかったでしょうか。私は抹殺された自分を母に表現したかったのです。そうすることで思春期以降の私が少しでもよみがえる気がしたのです。母にはわずかですが、それが伝わったのではないでしょうか。混濁寸前の意識の中で、たしかに母は私にあやまったのです。あの言葉を聞けただけで、私は母とちゃんとお別れできそうな気がしています」

佐野洋子著『シズコさん』（新潮社、二〇〇八年）を読んだ時も同じような場面に出会った。この本は、母親と娘である自身のわだかまりを描いた物語だ。著者の佐野洋子さんも、老いた母親がありがとう、ごめんなさいと語るのを聞いて驚き、幼いころから大嫌いだった母がすっかり別のひとのように変わったことに驚いている。そのことで、佐野さんはあの作品を書く気になったのだろう。母親が認知症にならなければ、あの作品は書かれず、母が大嫌いな私を抱えたまま佐野さんは沈黙し続けたのではないだろうか。

七つの方法を提示したが、お読みになった方は自分でできそうなものを選んでほしい。墓守娘の置かれた状況は多様だから、一人ずつが、自分に合った方法で母親との卒業を考えるしかない。どうやっても距離がとれそうもない時は、②や⑥を胸に刻んで日々を乗り切ってほしい。④が無理なら⑤の方法を実践してみよう。⑦は、おそらくすべての墓守娘が心の底に抱いている願いだろう。しかしC子さんの母のように、衰弱したり認知症にならなければ、これは実現できないと思う。母との最期の別れと引き換えでしか謝罪の言葉を聞けないとすれば……。暗たんたる気分におそわれるが、現実はそれくらい厳しいのである。

母であることから卒業するために

前節の終りは、どこか希望もない言葉になってしまったが、そうならないために母親たちに伝えたいことがある。

何より多くの墓守娘たちのために、母親たちにはっきりとお願いをしておこう。わかりやすくするために二人称を使い呼びかけることにする。

本気で新しい人生を歩みたいなら

①女性であることの苦しみを引き受ける

あなたたちが遠い昔、そう、思春期のとば口に差し掛かったころのことを思い出してほしい。人生は自分で選べると言われたものの、あまりの制約の多さに戸惑ってしまったこと。ことあるごとに、こっそり「女のくせに」と言われ悔しい思いをしたこと……。思い出すだにつらいことをしっかりと振り返ろう。女であることを悔しがったり、呪ったりしたことを思い出そう。

そんな少女だったあなたたちが、なぜ同じ女性である娘たちにとって「重く」「ねばねばした」「話の通じない」存在になってしまったのだろう。

あなたはたしかに娘の母親である。しかし、母としての生物的役割はとっくに終わっている。娘が成人を迎えてからは、原則的にはもう母親面《づら》する必要はない。

母親であることにまつわる既得権をいちど捨て去ろう。自分のほうが世間をよく知っているというとんでもない思いあがりを捨て去ろう。生んでやった、人生の先輩だ、などといった自覚も捨ててしまおう。子どもを生んだ痛みの記憶はすっかり消えているはずだ。自分が母であることを忘れている時間も多いだろう。母であることはそれくらいの重みしかない。父親がしばしば家を一歩出れば父であることを忘れるように、母だってそうあっていい。母であることそれ自体には、あなたが信じているほどの価値はないし、母性をふりかざして娘を従わせようとする、そんな思いあがりを正当化する根拠などないのだ。

あなたにとってもしも娘がとても大切な存在であったら、どういった理由で大切なのかを考えてほしい。

自分の愚痴を聞いてくれるからか、女どうしでわかりあえるからか、「最後は親子」だからか。いくつか理由があるだろう。しかし、よく見つめるとそれらの理由は極めてあなた中心、つまり母親中心のものだと気づくだろう。あなたたちが自分勝手に娘を大切に思っているのだ。つまり、勝手な思いこみを娘に受け入れてもらいたいのだ。あなたこそ、娘に依存しているのだ。それなのに、「娘のために」などと言って、それを正当化してはいないだろうか。

「世間様」、「常識」、「ふつう」、といったあなたの思考を正当化している根拠をいったんすべてとりはらってほしい。

これらがどれほど日本において、多くの少数者（マイノリティ）を苦しめてきたか。あなたたち自身も、これらの理由から批判されたり排除されたことがあるだろう。女性であるだけで、対応を変えられたり、高齢に差し掛かったおばさんだと馬鹿にされた経験は、マイノリティとして差別を受けたことを意味する。だからこそ、そんな世間にしっぽを振って、後ろ指を指す人間たちの最後尾に連なるような見苦しい真似はやめてほしい。

「私は」という主語を取り戻そう。ママでもなくお母さんでもない。堂々と「私は」と発言するのだ。そのためにも、女性であることの苦しみを正面からもういちど自覚してみよう。そして、同じ女性として娘とつながろう。

②胸を張らない

何より、あなたの人生を振り返ることが重要だ。過去を見つめることなくして「娘の母でございます」などと威張ることはできない。思春期に経験した挫折、同級生と比較されたこと、劣等感、結婚した理由、夫の裏切り、結婚の後悔……。自分が「重い母」となった源流をたどってみよう。

こう書くと、どんどん落ち込んでしまうかもしれない。自信もなくなるはずだ。

むしろ、それでいいのではないだろうか。母であるだけでそもそも自信がもてるはずがない。自分の人生の負債を母であることで帳消しにしようとしていないだろうか。そのことを自覚してほしい。生物学的に親というだけで子どもを育てられるのだろうかという、そんな自信のなさ、謙虚さをもつことこそ、よき親の条件だ。むしろ自信がない状態にとどまる努力が必要なのだ。母になると目の前に赤いじゅうたんが敷いてあり、そこを通るといい気持ちになる。そこには「世間様に対して恥ずかしくないように」「ふつうの人生をおくってほしい」「常識ってものは」といったセリフが書いてある。自信がなくても、その上を歩いているうちに仲間もでき、いつのまにか王道を歩いているような気持ちになるのだ。そこを嬉々として歩くひとと、歩かないひとに分かれるが、多くの墓守娘の母たちは赤いじゅうたんを疑いもなく歩いた女性たちである。まさにモンスター誕生である。

耳が痛いかもしれないが、自分は立派な母親であると胸を張れるひとはどこかモンスターなのだ。そう自覚しておいたほうが、モンスター化を避けられると思う。墓守娘が何より望んでいるのはそのことである。

父親に対する耳の痛い提言

前作（『母が重くてたまらない』）において、父親に対しての要求をいくつか挙げた。しかし、読者の反応は母に集中し、父親は相変わらず部外者のままでいるのではないだろうか。実は娘のために一番自己洞察をしてほしいのは、母親よりむしろ父親のほうである。縷々《るる》注文を書くことはできるが、ここでは前作に続き第二弾として父親にもメッセージを投げかけたい。ある女性が父親に対して渾身の力を込めて書いた手紙を一部変更して引用したい。ある自助グループの機関紙に掲載された文章である。三〇代の彼女は、摂食障害に苦しみながら、母との接触を断って生きている。しかしそのことが理解できない母は、彼女の住まいを突然訪ねてくる。怒った娘が母を追い出そうとして暴力をふるった後に、父のメールが届いた。

娘から父への手紙

いただいたメールを、非常な怒りといささかの悲しみとともに拝読いたしました。あなたからのメールを読んでそういった気持ちになることは、初めてのことでもなく、また決して珍しいことでもないのですが。

はっきり言いますが、私はあなたがたご夫婦に対して、ずっと怒っているのです。何を怒っているのか、あなたがたにはきっとわからないでしょうし、（わかるような種類の人たちでしたら、私の怒りがここまで大きくなることもなかったでしょう）、それをあなたがたにわかるような言葉で説明することも私にはできません。

ただ、いくらあなたが見ないふりをして否認しようとも、確実に私の怒りは存在しているのです。それは私にもどうすることもできません。

あなたは、こうやって古希の集いに誘ったり、何事もなかったかのようにふるまうことで、私に手を差し伸べているつもりかもしれません。父親としての慈愛と余裕をもって、不可解な娘に対して最大限の譲歩をしているつもりかもしれません。

想像してみてください。誰かがあなたに対して許せないことをして、あなたは激しく怒っている。その当の相手がへらへらと笑って近づいてくる。何も謝らず（あるいは口先だけで謝って）、「今度飲みに行かないか」などとのんきに誘ってくる。あなたの怒りを無視したまま。

あなたはこいつはどこまで自分を侮辱するんだと思い、人間としての尊厳を無視されたような感覚になり、さらに激しい怒りと無力感を覚えるかもしれません。なりないかもしれません。あなたがそういう時、どういう気持ちになるのかは私にはわかりません。ですがあなたがしていることは、そういうことです。

あの人が母親であるということと暴力はいけないということの間に何の関連性があるのかさっぱりわかりません。母親である人には暴力をふるってもいいという意味でしょうか、まさか？

それはともかく、「暴力はいけない」ということぐらい、今時、小学生でも言えます。なんのためにわざわざこんなことを言ってくるのか理解に苦しみます。私が「そうか、暴力がいけないとは知らなかった、おしえてくれてありがとう、申し訳なかった」などと言うとでも思ったのならあなたの知性を疑いますし、とりあえず正論を伝えておいて自分の「いい人」性を確保しておきたいがためでしたら、相変わらずですねとしかいいようがありません。

あなたの語る正論が私の役に立ったことはこれまで一度としてありません。あなたの語ってきた言葉は、わざわざあなたが語らなくてもテレビや新聞にあふれているものばかりです。とすれば、はたしてあなたの存在意義はあるのでしょうか？

「私の妻が君の家に押しかけて君にはたいへん迷惑をかけた。もうしわけない。今後二度とこのようなことが起こらぬように注意するので許してくれ。妻が娘の君に異常に執着するようになったのも、そもそもは自分が夫として至らなかったせいだ。そのツケを君に背負わせているのを、ずっと見て見ぬふりをしていた、すまなかった」

それぐらいのことが言えるようになれば、私もあなたを見直すかもしれませんが、おそらくあなたには無理でしょう。

ここまで書いたのは私のあなたへのサービスです。あなたが変わるチャンスを提供したつもりですが、あなたは今のやり方のまま、残りの人生を全うしていってもいい、あなたにはもちろんその権利がある。

私は生まれてから一度としてあなたの涙を見たことがない、父親のあなたという人がどんな人なのか、ついに知らないままだった。

家族に気遣いを

この手紙を読んでどう思われただろうか。わがままなたわごとだ、なんて失礼だ、なんて世間知らずだ、といった感想もあるだろう。しかし、彼女の怒り、憤りは多くの娘たちが父親に対して抱いている感情を正直に表現していると思う。

母親が子どもを生んだだけで自信をもつように、父親たちは社会的地位と経済力を得ただけで役割を果たしたと勘違いする。自信を得るということはおそろしい。その自信を脅かす言説をすべて否定するようになるからだ。

彼女の文章はそれをひっくり返そうとしている。

職場、社会では当たり前の人間関係のルールを、なぜ家庭では無視していいのか、なぜ人間として当たり前のことが通用しないのか。

家族という集団において、特に父親、そして親に与えられた特権は、しばしば子どもにとっては人権無視、人格否定につながるということを提起していないだろうか。「法は家庭に入らず」、つまり家族は無法地帯であることが誰よりもわかっているのが子ども（特に娘）なのだと思う。

家族における力関係は穏やかにカムフラージュされているが、弱者から見るとその階層は歴然としている。山の頂上から平地を眺めるとなだらかな緑の連なりでしかないが、山の裾野から頂上を見上げると、そびえ立つ峰ははるかに険しいのと同様だ。父から母、母から子、兄から弟、弟から妹と力関係は委譲されていく。そして、末端に位置するのは、いつも娘＝女の子どもなのである。そのことに、山の頂上から降りる必要のない父親は、ほとんど気づかないままだ。彼らの多くは善意のひとである。しかし、一部の現実を見ないままに、自らの善意を疑わないでいることは、単に無神経で鈍感か、それとも無邪気な暴君かのいずれかに帰着するだろう。

疲れるかもしれないが、どうか家庭においても隣人に対するのと同様の心遣いをしてほしい。父親たちにとってのパラダイスが、気遣いなく、好き放題できる家族だとすれば、そのことによる犠牲はあまりに大きい。家族にも気遣いしている男性もいるということをどうか知ってほしい。

ここまで、娘、母、父に対してそれぞれの提言（処方箋）を書いてきた。読んでいただくと、そこにはかなりボリュームの差があることに気付かれるだろう。そこに込められた私の思いの丈がその差を生んでいる。

墓守娘に対しては、とにかくこの本を読んでサバイバルしてほしいと思っている。だから具体的な提言も多岐にわたった内容となった。母親に対しては、今回もっとも手厳しく書いた。前の本では「母親に理解してもらおうなんて思わないほうがいい」と匙《さじ》を投げていた私だったが、あきらめてはいけないと思ったからだ。どうしても彼女たちに変わってもらわなければならない。そうでなければ、墓守娘たちがあまりに苦しすぎるという切迫感が厳しい提言となった。

父親に対しては、半ば「唇寒し」という感慨と戦いながら取り組んだ。滅多に引用などしない私だが、今回は思い切って手紙を載せることにしたがどうだっただろう。あきらめてはいけないという思いは父親に対しても同様だが、なぜか母親よりも期待する度合いが低くなってしまう。どうかこの本が多くの中高年の男性の目に留まりますように、と祈るばかりである。

「DV加害者プログラム」をとおして加害者について考える

（文庫化に際して）

二冊の本

二〇〇六年、還暦を迎えた私は、カウンセラーとして毎日のカウンセリング業務に加えて、二つの連載を抱えて連日深夜まで原稿に追われていた。

ひとつは月刊「春秋」（春秋社のPR誌で今は廃刊となっている）に「墓守娘の嘆き」というタイトルで、もうひとつはwebちくまに月二回「加害者は変われるか」というタイトルの文章を同時並行で書いていた。前者は二〇〇八年四月『母が重くてたまらない　墓守娘の嘆き』（春秋社）として刊行され、後者はその一カ月前、二〇〇八年三月に『加害者は変われるか？　DVと虐待をみつめながら』（筑摩書房）として刊行された。

振り返ってみればよくそんなことができたと思うが、当時はそれほど特別なことをしているという意識もなく、ただただ時間が足りなかったので睡眠時間を削るしかないことがつらかった。ご存じのように『母が重くてたまらない〜』は、母と娘の関係について女性たちを中心として話題になるきっかけを作った一冊である。それに比べると、後者のほうは刊行当時それほど騒がれるわけでもなく、書籍としては一見地味だったし、その後文庫化されてからも主としてDV被害者の方たちに読まれる本として定着している。

「母と娘」と加害者を並べると、二冊がかけ離れたテーマであるように思えるかもしれない。実際、知人から「よく頭が混乱しないわね」と言われたこともある。そう思われること自体が私にとっては意外だった。なぜなら、二つとも当時から今に至るまでカウンセリングでは大きなテーマであり続けているからだ。

ＡＣ（アダルト・チルドレン）の女性たちのグループカウンセリングは、現在も月三回、オンラインで夜の八時から深夜まで実施しているし、ＤＶ被害女性のグループカウンセリングも月二回実施している。どちらも私にとって大きな意味を持っている。

文献ではなく当事者の言葉

ひとえに怠慢ゆえ、文章を書く際に私はあまり文献検索をしない。専門誌に論文を書くこともあるが、文末に大量の海外の文献を挙げる論文を読むたびに、私には研究論文を書く資格がないように思ってしまう。あの英字でぎっしりと書かれた文献を探す手間やそれを精緻に読む時間など私にはないし、リスト化してＰＣ上に保存するスキルもない。

私にとっての資料は、これまでも、そしてこれからも、カウンセリングで語られる当事者たちの言葉である。何冊もこれまで本を著してきたが、そのことは変わらない。では、彼女たちの言葉がなぜ私にとって重要で示唆に富むのだろう。理由のひとつは、従来の専門家の使用する言葉が「被害者」の立場に立っていないからではないか。彼女たちの体験や経験は、被害という視点を抜きに表現できない。つまりこれまで流通している言葉では表現できないのだ。「だって親でしょ」「母の愛はすばらしい」「考えすぎ」「されるほうに問題がある」「人のせいにするなんて」といった世間に満ち溢れた言葉では、彼女たちの経験は掬《すく》い取れないのだ。この圧倒的な言葉の不足が、彼女たちがカウンセリングに訪れる理由になっている。

私の本を読んで、「これは私のことが書いてあると思った」という人は少なくないだろう。家族を無条件によきものとしていないこと、その暴力性や権力を前提としており、弱者・被害者の立場からカウンセリングを行い、本を書いていること。そのことが著書を手に取る人たちにはちゃんと伝わるのだ。

グループカウンセリングに参加する女性たちとともに、体験を名づけ経験を表す言葉を探してきた。それが私にとっては「参考資料」と同じ役割を果たしている。「家族愛」というフィルターを通してはとらえることのできない世界を構築し言語化できたのも、ひとえに当事者である彼女たちと時間をともにしてきたからである。

被害者の視点から生まれたのが加害者

「加害者は変われるか」を上梓《じようし》した二〇〇八年から一六年が過ぎ、加害者という言葉が手軽に気安く用いられるようになった気がする。それは悪いことではない。二〇〇〇年に児童虐待防止法、二〇〇一年にいわゆるDV防止法ができて、不十分ながら日本でも家族の暴力を防止するための法的措置がとられるようになった効果だと思う。

しかし、そんな風潮に少し違和感をおぼえている。ひとつは、ずっと昔からDVも虐待も存在を認知されていたと誤解されるのではという危惧だ。同じ行為でもそれを名づける概念によって愛情にも暴力にもなるからだ。もうひとつは、加害者はひどい人で極悪人だという断定への惧《おそ》れである。

家族の中で何が行われているかは、外側からは見えない。親の言うこと、夫の言うことが正しいとされてきたために、多くの子どもが親のしつけによって殺され、多くの妻たちは「生意気だから」として殴られてきた。DVや虐待という名前がつけられ、それらが暴力とされるようになったのは、日本では二一世紀になってからだ。わずか二五年の歴史しかない。歴史上の人物の評伝や文学作品を読んでみれば、ＤＶや虐待の「加害者」だらけである。夏目漱石がどれほど妻を殴ったかは『夏目家の福猫』（半藤末利子、新潮文庫、二〇〇八）に書かれている。当時妻や子どもに対しての行為は決して暴力と呼ばれることはなかった。

二一世紀になって初めて、家族に対しても暴力はあってはならないとされるようになったのである。家族による「被害」が認められるようになったことで、「加害者」が生まれたのである。

ここで重要なポイントを二つ述べよう。

①被害者の立場に立たなければ「加害」は見えない

②加害がなければ被害は生まれない。

この二つを念頭に置けば、冒頭で挙げた二冊の本は共通の視点から書かれていることがわかるだろう。親（母）の被害者である娘、夫の被害者である妻の視点から、加害者である母と夫について書かれているからだ。

とりあえず被害者を保護することが最優先

ここからは、DV加害者プログラムについてわかりやく述べたい。被害を受けたひとたちは、家族だからこそ相手に変わってほしいと望む。その願いは正当なものである。被害者のために誕生したのがDV加害者プログラムであるという原点は、強調し過ぎることはない。その仕組みは、他の加害行為（性暴力やストーカー、虐待など）にも応用が利くと言われている。

二〇二四年に改正されたDV防止法（配偶者からの暴力の防止および被害者の保護に関する法律）において、DVをふるった（いわゆる加害者）を処罰する規定はない。あくまで、被害者が加害者を告訴した場合にのみ逮捕されるだけだ。そのことはあまり知られていない。

それでも二〇〇一年同法が制定された当時と比べると、この一〇年は首都圏を中心として逮捕されるDV加害者は増えている。しかし、夫を告訴するという重圧からなかなか踏み切れない女性が多いのも事実だ。

唯一加害者に対して拘束力があるのが保護命令[1]とその一部である。後者は、妻が住んでいる家から夫に退去を命ずるものだが、妻がその家から逃げる用意をするためのものであって、夫がずっと退去することを前提としてはいない。つまり日本のDV対策の中心は、被害者保護（逃げて隠れて保護される）に終始しているといっていいだろう。

ここで素朴な疑問が起きる。なぜ肝心の加害者へのアプローチが閉ざされたままなのか、と。DVの元を断つことはできないのだろうか。暴力をふるう男性への働きかけはどのようにしたらいいのだろう。

「法は家庭に入らず」

この法格言は古代ローマ時代に作られ、家庭内の問題については法が関与せず自治的解決にゆだねるべきという考え方を示している。これは現在の日本の民法にも色濃く受け継がれており、協議離婚制度（当事者の合意があれば、裁判所の関与なく、届出のみで離婚できる制度）や刑法の親族間の特例（窃盗、詐欺、横領などで夫婦や一定の親族には刑が免除）などに具体化されている。

しかし喫緊《きっきん》の課題となっているのは、法が家庭に入らないために「無法地帯」と化した家庭の実態である。家庭外の市民社会における非暴力の徹底に比べ、一歩プライベートな空間に入れば、強い立場の人間は弱者に対して暴力をふるうことが容認されている。

しかし一九九〇年代から子どもの虐待死の報道が増え、DV（ドメスティック・バイオレンス）という言葉が知られるようになって、不十分ながら法が家庭に入らざるを得なくなった。二〇〇〇年の児童虐待防止法、二〇〇一年のDV防止法の制定はその表れであるが、肝心の加害者対策になるといまだに「法は家庭に入らず」「民事不介入」の原則が大きくたちはだかっている。DVが刑法上の犯罪になっていないからだ。

諸外国と日本の比較

DVの加害者に対するアプローチは、一九七〇年代末アメリカで始まった。一九七〇年初頭からの女性運動の高まりが、家庭の中で殴られ続ける女性たちを救済する対策を国家に求める動きを生んだ。一九七七年には、ヒューストンで開催された全米女性会議で、家庭内で暴力を受ける女性の救済対策強化への勧告決議案が連邦政府に対して提出された。

これらを受けて、一九八〇年代に入るとアメリカの司法制度が改革され、家庭内における虐待や暴力についても市民社会における暴力同様に加害者を警察が逮捕できるようになった。多くの文献で指摘されているわけではないが、アメリカの建国以来のスピリットも影響しているのではないか。カウボーイ時代に見られるような「女性と子どもを守るのが男らしさ」という暗黙の価値観は、妻や子どもを守るどころか暴力をふるう男性に対して厳しかったのだろう。日本でいまだに加害者逮捕の実現が難しいのは、女子どもを「守る」ことが男らしさの条件になっていないからだと思う。

警察官による暴力の発見、逮捕・勾留・裁判の流れにおいて、比較的暴力の程度が軽く更正の見込みがあると裁判官が判断すれば、刑罰に代わる更正プログラムの受講が命令される。このシステムをダイバージョン(刑罰代替)と呼ぶ。

DV加害者更正プログラム(Batterer Intervention Program ——BIPと略す)は、加害者を逮捕できる刑事司法制度、これらを支える被害者支援運動(シェルター開設)、地域のネットワークに支えられて初めてその効果を発揮する。わが国ではすでに述べたように、加害者は被害者の告訴によらなければ犯罪化されないのが現状だ。家庭内の暴力に対してこのような加害者に甘い刑事司法制度で臨んでいる国は先進国では少ない。東アジアの韓国や台湾でもDVは犯罪であるとして加害者更正プログラム受講を制度として導入している。

二〇〇一年のDV防止法制定を受けて、二〇〇三年内閣府は「配偶者からの暴力の加害者更正に関する調査研究」を実施し、研究班のメンバーがアメリカ・カナダを視察した。私もその一員としてカナダのオンタリオ州を訪れた。報告書「配偶者からの暴力の加害者更正に関する調査研究」(二〇〇四年七月)にその詳細が記されている。

その後、内閣府は加害者プログラムに関する満たすべき基準を発表した。それにのっとり、東京と千葉で加害者プログラムを試行的に実施し、私は東京でプログラムにかかわった。協力した臨床家たちでＲＲＰ研究会[2]を立ち上げ、試行プログラム終了後も続行し、二〇〇七年には東京都からＮＰＯ法人として認可されて現在に至る。

その後一七年が過ぎたが、私たちの実践は公的援助もなく内閣府も関与しないままであった。二〇二四年になって、やっと内閣府のホームページにＤＶ加害者プログラムへの言及が掲載された。それだけでも大きな変化だと言えなくもないが。

このように令和の時代に入ってからも、ＤＶ加害者対策には内閣府も法務省も消極的なままである。公的なＤＶ加害者更生プログラムが存在しないために、いくつもの民間団体によるプログラムが規制もなく実施されている。質の担保も含めて、ＤＶ被害者にとって安心できるプログラムかどうかを見極める必要があるだろう。

このような実情を多くの人に知っていただくことで、北米のような公的なプログラムが一刻も早く実施されることを願うばかりだ。

加害者プログラムの基本は？

ＤＶ加害者更正プログラムの目的は何だろう。このシンプルな問いがもっとも重要だ。カウンセリング、精神療法、グループカウンセリングなどは、言うまでもなく参加者のために、目の前の患者やクライエントのために実施される。ところがＢＩＰは「被害者に責任をとるために」「被害者の安全確保のために」実施されるのだ。目の前にいるプログラム参加者ではなく、背後に存在する妻（パートナー）こそ、真のクライエントであるという構造が、BIP実施のもっとも太い柱である。つまり実施者（運営者）は、プログラム参加者に対する責任だけでなく、被害者であるパートナーに対する責任も負う。これを二重の責任性と呼ぶ。

しかし実際にプログラムにかかわっていると、心理専門職としての素養のある人ほど、この原点がぐらついてしまう。心理職として養成される過程で学ぶのは、目の前に存在するクライエントへの責任であり、それ以上でも以下でもない。したがって、目の前にいない存在への二重の責任を扱うことはしばしば困難になる。誤解されがちだが、これは参加者を極悪非道なひととして扱うことにはつながらない。DVという彼らの暴力行為は否定されるべきだが、彼らの人格や存在そのものは尊重されるべきだからだ。

反省を強いるものではない

加害者の人格の尊重という言葉に驚かれるひともいるだろう。あんなひどいことをしたのに、なぜ尊重され肯定されるのかと。DV加害者プログラムは「悪うございました」とばかりに、彼らを叱りつけ反省させることが目的だとする先入観がある。司法そのものが犯罪者に反省を強いるものだという一般理解がそれを後押ししている。

しかし、それは大きな誤解である。犯罪心理学等のエビデンスによれば、反省を強いることが再犯防止につながらないことは明らかだ。DV加害者プログラムの参加者の多くは、最初は反省すればいいと思い、第一回目は「悪いことをしました、反省しています」と発言しがちだが、回を重ねることで反省がプログラムの目的ではないことを学んでいく。

一言で言うならば、彼らが学ぶべきことは「パートナーへの責任の取り方」である。謝罪し、償い、そして二度と暴力を振るわないこと（再発防止）。そのためには彼らのこれまでの考え方や価値観（認知）を新たに再学習し、暴力的行為をパートナーを尊重する行為へと変えていく必要がある。詳細は省くが、認知行動療法を基礎とした具体的方法が実施される。

男女ペアのファシリテーター（進行役）

プログラムのファシリテーターは、参加者を尊重しプログラムを遂行する責任と、彼らの被害に遭った女性の安全を確保する責任の二重性を持っている。その困難さをかいくぐるためには、男女二人のペアによるチームが必要となる。

カナダのブリティッシュコロンビア州の公式ＢＩＰ実施の基準には、男女二人のペアで実施することが定められている。その理由は次の二点である。

①被害者である女性の視点を生かすこと
②男女の対等な関係性を示すこと

実施した経験からも、二人のペアの意味を痛感している。既述のようにさまざまなDV加害者プログラムが民間で実施されるようになっているが、この条件を満たさなければならないという公的な拘束力がないのは残念である。

また同基準によれば、加害者プログラムのファシリテーターの条件として、DV被害者支援に一定期間従事した経験を有することが挙げられている。これは最も重要な点である。被害者支援にかかわることで、どれほど被害者が困難を強いられているかが初めてわかるからである。目の前の参加者の語る内容に引っ張られないためにも、被害者支援の経験は不可欠だと思う。

グループの醍醐味

カウンセリングには一対一の個人カウンセリング（個人心理療法）と、グループカウンセリング（集団心理療法）がある。カウンセリングというと一般的には前者を指す。

ある舞台俳優が、袖から舞台に出た瞬間に感じる「何か」がたまらない魅力だと語るのを聞いたことがある。会場を埋め尽くした観客からいっせいに見つめられて生まれる交歓が、俳優に想像を超える力を与えるのだろうか。サッカーや野球の選手たちも、競技場を埋め尽くした観客の発する何かによって動かされるのかもしれない。グループカウンセリングも似たようなところがある。部屋に入ってグループの中心に私が座った瞬間に「何か」を感じる。時にはパワーをもらえると感じることもあるが、多くはその逆だ。そこに座ったひとたちから奪われそうになり、それに抗するように私の中から放出される「何か」。たぶんそれは、俳優と似通った想像を超える力なのかもしれない。しかもその交換は一瞬のうちに行われる。舞台俳優になぞらえれば、それがグループカウンセリングの魅力であり醍醐味《だいごみ》なのだろう。

さてDV加害者プログラムの場合、開始前の瞬間、参加者の前に座る私が受ける視線はそれほど心地よいものではない。そこに漂っているのは、「どうして自分がここに参加しなければならないのか」という言葉にならない深い被害者意識である。そして、かすかな敵意と抵抗である。

被害者は自分だ

DV加害者プログラムに初めて参加したとき、緊張とともにどこか懐かしい感じを覚えた。一九七〇年代半ば、私は精神科病院に勤務した経験がある。そこでアルコール依存症者の集団精神療法にかかわっていたのだが、その時の感覚と重なったのである。「どうして俺がこんな病院に入院しなければならないのか」「早く退院させてくれ」「女房にだまされたに違いない」、彼らはグループで口々に文句を言った。正直かなりのエネルギーと度胸が要求されたが、長い年月を経て、再びその経験が役に立つときが来ようとは思ってはいなかった。

妻のせいで加害者にされた、本当に悪いのは自分ではなく妻である、むしろ自分こそ被害者である、のように、DV加害者プログラムの参加者が抱えているのは、深い被害者意識とそれを承認してほしいという要求である。

通常の臨床心理学、精神医学は、クライエントや患者は悩んでおり、それを援助・治療するのが目的であるというシンプルな援助観に立脚している。ところがアルコール依存症に代表される嗜癖《しへき》（アディクション）には、困っているのは周囲の家族であり本人はなかなか治療に結びつかないという特徴がある。当事者の非自発性と治療意欲の無さは、犯罪者を対象とする司法領域と共通している。アディクションと犯罪は近接していることを、グループのファシリテーターとして再確認した。

正義の基準は自分にある

参加者の主張は、自分の言っていることは正しい→自分のいうとおりにしない妻は間違っている→だから怒るのは当然だ→悪いのは妻だ（自分のほうが被害者だ）、という順序で構築される。そして、怒った結果の行動（殴る、怒鳴る、ものを投げるなど）については あまり言及しない。避けているというより、正義は自分であると確信しているので、暴力はしかたがなかったと正当化しているのだろう。動機が正しいので、結果としての行動は容認されるべきと考えているのだ。

では正義の基準を決めているのは誰だろう。

言うまでもなく、それは彼ら自身である。何が正しいかを決める力を「状況の定義権」と呼ぶが、彼らはそれを有していることを自覚してはいない。おそらく自明の「常識」にしたがっているだけなのだ。それも遡及的《そきゅう》にたどっていくと、彼らの常識の根幹にある信念体系に行き着く。それは、何が正しいかは夫である自分が決める、それに妻は従うべきである、従わない妻には何をしても許される、従わない妻が間違っているからだ、という古色蒼然《こしょくそうぜん》とした、家父長的な信念である。どれだけソフトな言い回しをしていようと、僕と君は対等だよね、とささやいていようと、状況の定義権と暴力容認、そして男性の優位性を柱とした信念体系が背景にあることが明らかである。

正義に依拠しないこと

参加者の一部は、腕力を用いることなく、言葉によって妻を追い込んでいく人たちである。夫の言うことが正しく、そのとおりにできない自分が変で頭がおかしい、と言われ続けた女性は珍しくない。今では「ガス・ライティング」[3]と表現されるが、カウンセリングにやってくる妻（被害者）に伝えることは、暴力にいたるまでのプロセスと、暴力という行為の分割である。どんな理由だろうと、どれほど彼らが怒っていようと、暴力は否定されるべきだというのがDVの原点なのだ。正義の暴力がどれほど戦争を引き起こすかは明らかだ。綿密に練り上げられた論法や正義によっても、決して暴力を正当化できないことを繰り返し伝えるのだ。彼らの正義や怒りは、暴力以外の方法で主張されるべきであり、妻の反論を一切封じ、人格を否定し威嚇して主張されるべきではない。しかし、「べきではない」と述べると、もうひとつの正義の主張になりはしないだろうか。

正しいか間違っているかという正誤のパラダイムで主張すれば、彼らの論点を追認してしまう。同じ土俵に乗らないためにも、DV被害者の援助は、正邪、正誤といった二項対立的パラダイムを超える必要がある。

妻（被害者）が夫の暴力に怯えて暮らすことは、安心して暮らせる最低限の権利が保障されていないことだ。それは「人権」を侵されているのだ。大仰で場違いと感じられるかもしれないが、DVの被害者に対しても、正義ではなく、彼女たちの人権をどのように尊重するかを基点として考えたい。合意なく、突然殴られ、怒鳴られることは人間扱いされていないからだ。

正誤のパラダイムを超えるために、もうひとつの重要な基点は「非暴力」である。正義のための戦いがしばしば泥沼に陥ってしまうことを、数々の例証とともに、歴史は私たちに教えてくれる。DVの被害者が「私が正しい、夫が間違っている」と主張することは、通過点としては必要だ。彼女たちが自信を取り戻し、自己主張できる根拠をつくるために、それは欠かせない契機だ。しかし、最終的には、正しい・間違っているの二分法を超えて、いかなる理由があろうと私は暴力を受けないという点、つまり安心・安全に暮らせる基本的人権の確保と非暴力に向けて彼女たちの主張を集約していくことが必要だと思う。

DV加害者も虐待被害者ではないか？

プログラムにおいて扱うべき被害者性は、妻に対する被害者意識と並んでもうひとつある。それは彼らが親から受けた被害についてである。

映画『プリズン・サークル』（坂上香監督、二〇二〇年公開）で描かれるように、加害と被害は絡まり合っている。自らの被害者性（親からの）を自覚し被害の苦しみを再体験しながら、初めて加害者性の自覚につながるプロセスが映画では描かれる。被害者性の自覚とは、怒りや正当性の自覚だけではない。過去の痛みの想起にもつながる。その苦痛を再体験することで、自分が他者に与えた痛みへの共感も生まれる。痛みを痛みとして感じなければ、他者の痛みを想像もできないからだ。

他者によって被害者性を承認されることで、初めて自らの加害者性が構築されるというプロセスは、一種の回心であり苦痛を伴う深い転換である。しかし彼ら全員がこの目標を達成できるだろうか。そこには被害者と隔絶された一定の時間が要求される。

一九七〇年代末にアメリカで生まれたDV加害者更生プログラムは、この点をめぐって試行錯誤を繰り返してきた。先進国であるアメリカやカナダのプログラムについて学ぶと、DV加害者の被害者性の扱い方に苦慮してきたことが、手に取るようにわかる。

通常のカウンセリングでは、クライエントの被害者性を扱い、傷つきを承認していくことはむしろ推奨される。彼らもかわいそうな親からの被害者だという理解を共有することで、カウンセラーとクライエントの関係は強化される。しかし、彼らを加害者と規定した場合はそれでいいのだろうか。

カナダのトロントでDV加害者更生プログラムを見学したときの経験は大きなヒントを与えてくれた。そのときのテーマは「親のDVが子どもに与える影響」だったが、彼らは自分の子どもへの影響ではなく、自分が父親の暴力でどれほど傷つけられたかの発言に終始していた。燃えるような怒りに包まれて、妻子への加害者としてでなく、親からの被害者としてそこに座っていた。

参加者の被害者性をこのように容認していいのかという疑問を抱いた私は、プログラム終了後、ファシリテーターである男性に質問した。彼によれば、半年間続くプログラムの初期ではなく、終り近くにならないとこのテーマは扱えないとのことだった。カナダではほとんどの参加者が親のDVを目撃し、ひどい虐待を受けている。親への怒りが誘発され、被害者意識が高まれば、妻に対する被害者意識へとスライドされることで暴力再発のリスクになる。もちろん、親からの虐待被害は彼らの責任ではない。彼らがイノセントであることをプログラムで許容されることが、その足で自宅に帰った後の妻への暴力再発につながりかねないのだ。彼らは、おそらくこれまでの人生で自分の被害者性が承認されることなど経験がなかったからこそ、虐待被害が認められたことで怒りや高揚感が生まれるのだ。しかしそれが妻への暴力へと転化する危険をはらむとすれば、DV加害者のプログラムの本来の目的からは本末転倒であることは間違いない。

最優先されるべきは被害者の安全性

彼らの多くは妻や子どもと同居中である。プログラム終了後、その足で自宅に帰れば妻と子供が待っている。そこでは再発防止（暴力をしない）ことが現実的に求められる。妻たちは、とりあえず安心して暮らせること、日々暴力暴言に怯えないで暮らせることを何より望んでいるのだ。それが同居している彼女たちの切実な願いなのだ。深い価値観の転換や回心が得られるまでの長い時間を、パートナーは待つことができないのだ。

彼らの被害者性はまるで火のようだ。エネルギーにもなれば、ひとを焼き尽くすこともある。このような両価性を知悉《ちしつ》したうえで、加害者プログラムでは被害者性を扱わなければならない。これまで心理療法やカウンセリングに精通しているひとほど、彼らの被害者性を扱いたいという欲望に駆られてしまうだろう。その危険性を強調したい。何を最優先するかによって、プログラムの構成は変わってくるのだ。

面前ＤＶと世代連鎖

父から母へのＤＶを目撃することは面前ＤＶと呼ばれ、心理的虐待のひとつとされる。二〇一〇年代半ばから、警察官はＤＶ被害通報があった場合、子どもがその場にいたら児童相談所に心理的虐待として通告義務が課せられるようになった。厚生労働省から毎年発表される心理的虐待の通報件数の半数近くが、この一〇年ほど面前ＤＶで占められていることはあまり知られていない。児童相談所も、面前ＤＶ（心理的虐待）で通告された子どもに対して、じゅうぶんなケアをする余裕がないのが現状である。

ＤＶ加害者プログラム参加者の多くは、親からの虐待を受けている。たとえば、父親から風呂に張った水の中に顔を突っ込まれたり、殴られることが日常だったと語る人は珍しくない。しかしもっとも多いのが面前ＤＶ被害である。参加者の八割が父から母へのＤＶを目撃していた時もあった。多くの参加者はプログラムに参加してそれが心理的虐待であることを初めて知ったと語る。

彼らは父のＤＶに曝《さら》されながら、幼いころは父のようにはならないと思う。しかし成長するにつれて、同性の親を全否定することにためらい、時には父のつらさがわかり許したりする。「おとなの男とはそういうものだ」と考えることで、父との共謀関係が成立するのだ。

父の暴力の肯定は、妻への暴力肯定につながっていく。プログラムの参加者がＤＶを受けた母が父を挑発していたと語るのを聞きながら、世代連鎖は、ＤＶ男性にこそ顕著ではないかと思う。ともすれば虐待被害を受けた女性が子どもを虐待するという文脈で語られがちだが、ＤＶ目撃の男性こそ、その無自覚さにおいて世代連鎖の中心なのだ。

どこにでもいそうなひとたち

プログラムに参加する男性たちは、極悪非道で怖そうな男性ではない。カナダやアメリカのように、逮捕されてから裁判所命令で参加するのではなく、妻からの要請か自発的参加なので、彼らの多くは紳士的でソフトだ。年齢も二〇代から七〇代までバラエティに富んでいる。定年退職後の人を除けば、仕事帰りにネクタイ姿で参加する。妻を包丁を持って追いかけたりするわけでなく、身体的ＤＶがない参加者も多い。

しかし全員に共通している点がある。彼らは、自分の妻がどう感じているか、何を考えているかについて恐ろしく関心がない。

ある参加者は、妻がどう感じているかなどと考えたことがありませんでした、と語った。自分の言ったことが受け入れられるかどうかが大切で、言われた妻がどう感じるかは関心の外だった。自分ならこうする、自分だったらそんなことはしないと考えても、妻はどう感じているかという発想そのものがない。プログラムに参加して初めてそれに気づき、そんな自分に驚いたという。

彼らにとって妻は、自分と独立した存在（他者）ではない。自分の想像の範囲内で生きている存在なのだから、想定外の言動はありえないし、許せない。「なぜわからないのだ」「なぜ怒らせるのだ」と彼らは怒りに震えるのだが。その根底にあるのは、「妻はどんな自分であっても受け入れてくれる存在である」という夫婦観である。

それは彼らがどこかで夢見ていた「母」ではないだろうか。現実の母はそうではなかったからこそ、妻に「母」を求めるのだ。どんな自分でも受け止める妻＝母なんて、ありえないユートピアではないか。アメリカの建国のスピリットのひとつ「妻を守ることができないなんて男じゃない」もよく考えてみれば、妻は自分より弱い存在だというミソジニーに満ちているが、母のような存在を妻に求めるDV加害者プログラムの参加者たちも妻を母的存在へと勝手に読み換えるのだ。自分の父をどこかで赦しながら、妻に対してはなんでも許容してくれる「母」を求め続ける彼らは、日本ではどこにでもいそうな人たちだ。

ふたたび「加害者」について

DV加害者プログラムの実践経験から、加害者対応について述べてきた。それらを虐待加害者に応用できるだろうか。たとえば、本書にも登場する娘から接触を拒まれているような「自覚なき虐待加害母」に応用可能だろうか。

現実問題として、DVですら日本では加害者逮捕はできない。虐待する親についても同じであることは意外と知られていない。虐待で子どもが殺されたりケガをした場合は、傷害致死罪などで逮捕できるが、そうでなければ児童相談所によって子どもが養護施設に保護されるだけで親には何も課せられない。子どもは何も悪くないのに施設に入れられるという不平等さがあまり指摘されないのは不思議なほどだ。

このような現状を考慮すれば、母からの支配に苦しむ女性たちが望むであろう「母を変えてほしい」という願いなど、まったく実現不可能だと言わざるを得ない。

しかし、娘たちを守り、娘たちが安心して生きられるために頭をしぼって考え出した知恵はいくつかある。本書をはじめとする拙著を読んでいただきたい。

さて、何度か無力感を覚えながらもDV加害者プログラムを長年実施してきてよかったと思うことはある。それは「責任」という言葉を手に入れたことだ。責任についてまとめれば次の3つになる。

①加害者は被害者に責任がある
②被害者は加害者に責任をとるよう要求する権利がある
③責任を求めることは、相手を人間として尊重することを意味する

以上三点をまとめれば次のように表すことができる。

責任追及とは相手を追い込み否定することではない。責任をとれる存在として認める（尊重する）からこそ責任を求めるのだ。手を嚙まれた相手が、ネコや犬だったら責任追及しないだろう。人間と認めるから責任をとるように求めるのだ。

母に変わってほしい、責任を取ってほしいと求めることは、母を責めることではない。母をひとりの人間として尊重していることを意味している。

もっとも親密だったはずの父ですら母をひとりの人間として尊重することはなかっただろう。おそらく誰からも人として尊重されてこなかったあの母に対して、責任をとってほしいと伝える娘は、「あなたはちゃんと責任をとれるはず」として尊重するたったた

ひとりの存在なのである。そう思ってほしい。

註

1　保護命令には6種類ある。（1）被害者への接近禁止命令、（2）被害者への電話等禁止命令、（3）被害者の同居の子への接近禁止命令、（4）被害者の同居の子への電話等禁止命令、（5）被害者の親族等への接近禁止命令、（6）退去等命令。

2　https://www.rrpken.jp/

3　「ガス・ライティング」という名は、『ガス燈』という演劇（およびそれを映画化したもの）にちなんでいる。精神的DVの一種である。

あとがき

墓守娘という言葉が、この国においてそれなりの位置を占めるようになったことが、率直にうれしい。この言葉によって初めて自分と母との関係を読み解く手がかりを得たひとが想像以上に多かったことも、私のうれしい誤算だった。

本書は、黄色い装丁が目を射る『母が重くてたまらない——墓守娘の嘆き』の続編である。二冊がセットで並ぶことを想定して、表紙には鮮やかな赤を選んだ。中には、本書をお読みになってから、前書を読まれる方もいるかもしれない。それはそれで、また違う発見が生まれるだろう。そのような読者も大歓迎である。

前書に続き、多くの墓守娘のために書いたことは言うまでもないが、新たなテーマとして、墓守娘の母親たちの生態、成り立ち、背景、歴史についても深く踏み込んでみた。それは彼女たちを非難したり貶《おとし》めるためではない。今からでもいい、彼女たちの人生が少しでも変わるかもしれないという可能性に賭けたからである。

盤石に見える母という位置、「娘のために」という泣く子も黙る切り札をなんとか切り崩そうと思った。そんなものにすがって生きて欲しくないからだ。それほど年も変わらない同じ女性として、彼女たちに対してあきらめずにエールを送り続けたい。そんな思いを込めたのである。

墓守娘の母たちは、少なくとも父親たち（彼女たちの夫）に比べれば、変わる可能性は高いだろう。そんな希望をもっている。何より重い母たちが変わってくれなければ、墓守娘が大変すぎる。

本書では長い物語の形式を借りて、娘が母との関係から脱出するまでの経緯、母親が娘をどうとらえているか、などを描いてみた。どんな丁寧な説明よりもリアルに生々しく伝わるように努力したつもりだが、どうだろう。

しばしば本文にはＤＶの事例が登場するが、よりわかりやすくするためにそうしただけであることをお断りしておく。それに、ＤＶは特殊な出来事ではなく、「ふつう」の家族の特徴をわかりやすく表現しているに過ぎないと考えている。どうかそのことに拘泥されずに本書を読んでいただきたい。

母親との関係、母親とどう付き合っていくかは、東日本大震災後の日本の家族において大きなテーマとなるだろう。３・11以後、正面からそれに取り組んだ本はそれほど多くない。

本書はできるだけ既成の家族観にとらわれないよう心がけながら、それでいて具体的にわかりやすく描写するようにした。カウンセラーとしての長年の経験があったからこそ可能だったと思っている。

黄と赤の二色の「墓守娘」本が書店に並ぶなんて、どこか夢のようである。

前書に引き続き春秋社の篠田里香さんには構想段階からお世話になった。震災後、まったく原稿が書けなかった私がなんとか完成にまでこぎつけることができたのも、ひとえに彼女のおかげである。ありがとうございました。

晩夏の蟬の声を聞きながら

信田さよ子

文庫版あとがき

2024年の元日に能登半島を襲った地震は、「新年」という希望に満ちた言葉を吹き飛ばしてしまった。この国に生きる人間の宿命であるかのように、天災は不意に私たちを襲う。2011年3月11日の東日本大震災は、あれから13年が過ぎた今も爪痕が消え去ったわけではない。その年の秋に刊行された『さよなら、お母さん　墓守娘が決断する時』（春秋社）がこのたび文庫化されることになった。

本書の冒頭は、震災が家族に与えた影響についての考察から始まっている。読みながら、あのころの追いつめられるような感覚がよみがえってくる気がした。『母が重くてたまらない　墓守娘の嘆き』（春秋社、2008年）の続編にあたる本書をそろそろ書き終えようとする時に、地震が起きた。その後のメディアも含めた空気感はじつに重苦しいものだった。

国の危機に際して何より必要なものは絆であるというキャンペーンがメディアをとおして流されたが、多くは母子の絆と高齢者への思いやりで、決して夫婦の絆ではなかったことは忘れることができない。

母が重い、母と離れたい、ということは、「絆」への異議申し立てに他ならない。国家の非常時に反母＝反家族の本を書くなんて、戦時中であれば非国民あつかいされただろう。自意識過剰と言われるかもしれないが、当時の私はほんとうに怖かった。震災と津波、そして原発事故と二重の被害に喘《あえ》ぎながら、しだいに私は執筆意欲を失っていった。

文庫化するためにひさびさに読み返したら、あの感覚がよみがえった。これは東日本大震災後の私の体験記でもある、と思った。

それでも私は、何とか書かなければと焦った。震災後の外圧＝家族擁護・家族中心主義（親は大切、母親こそ家族の中心）に対抗しなければという切迫感があった。なぜなら、母との関係に苦しむ多くの娘（墓守娘）たちのことを思えば、とにかく母に変わってもらわなければならない、それをあきらめてはならなかったからだ。

「毒」と呼んで切り捨てることは簡単だ。でも日常生活は続く。狭い日本で暮らしていれば、母との接触は不可避だ。娘たちが自分を守るだけでは不十分だ。どうにかして母に変化を促せないだろうか。不可能に見えても、小さな隙間はあるはずだ。曲がりくねった小道があるかもしれない。カウンセリングでは、そうやってクライエントといっしょに頭をひねるのだ。そこから見出したいくつかの方法もある。本書はそんな具体的提言に満ちている。

あの重い母、どうしようもなく鈍感で無神経に見える母を「研究」するという試みもそのひとつだ。ひとことで表せば、「加害者研究」の試みである。毒親・毒母として切って捨てるだけでは足りないし、先がない。ちゃんとあの母親を研究することこそ重要なのだ。

近年、このような「加害者対応」「加害者教育」が注目を集めつつある。DV加害者や虐待する親のプログラム、そして刑務所などで実施されている性犯罪者処遇プログラムなどをまとめて「加害者臨床」と呼んでいる。

振り返れば、20年近くNPO法人によるDV加害者プログラムにかかわっている。一般のひとたちはほとんどその内容を知らないだろうし、触れる機会もない。家族の問題を考えるときに、プログラムの内容は多くのヒントを与えてくれるので、ぜひとも知ってほしいと思った。

文庫化するにあたって、DV加害者プログラムをはじめとする加害者臨床について、新たに書き下ろしの一章を加えた。それを読んで、あの母親たちが変化するひとすじの可能性があることを知ってほしい。

珍しく熱量の高い一冊であるが、1000年に一度と言われる大きな震災を経験したからではないかと思う。もうひとつ、あきらめずに母へのアプローチを試みる具体的提言にも注目いただきたい。

本書はすでに朝日文庫で刊行された二冊に加え、「母娘本」の第三作目にあたる。これらを三部作としてお読みいただきたい。三世代にわたる歴史的視点、ケアという名のもとに行使される母の支配の構造、そして具体的な行動の指針などがすべてそろうことになる。

山崎孝明さんには、すばらしい解説を書いていただいた。ともすれば女性だけの問題として矮小化されがちなテーマだが、解説のおかげで幅広い読者にも注目していただけるのではないかと思う。心よりの感謝を伝えたい。

最後になるが、文庫化が実現したのは、ひとえに朝日新聞出版の編集者である矢坂美紀子さんのおかげである。ありがとうございました。

例年より遅れた錦秋の始まりを感じつつ

2024年11月23日

信田さよ子

解説
宣伝と愛

山崎孝明

私は信田と同じ臨床心理士・公認心理師である。ふつうの言葉で言うとカウンセラーだ。本解説は、カウンセラーの後輩という立場から、本書と信田について解説することとする。

信田さよ子は、半世紀にわたってカウンセラーを生業としてきた、心理業界のレジェンドである。長年まともにカウンセリングの実践を続けながら（あえてこう書くのは、臨床心理士や公認心理師という肩書で物を書いているにもかかわらず、ろくに実践をしていない者も少なくないからだ）、数多くの著作を残してもいる。心理職の枠を超え、『現代思想』などに寄稿することも珍しくない。こんなカウンセラーは、歴史をたどっても信田以外には河合隼雄しかいないだろう（近年でいえば、東畑開人も含めてよいかもしれない）。信田はなぜ、こんなにも書いているのだろうか。

本書は、信田の母娘問題三部作（『母は不幸しか語らない』（『母・娘・祖母が共存するために』改題）『母が重くてたまらない』『さよなら、お母さん』）の文庫化の最後を飾るものである。それぞれ単行本の出版は二〇〇八年、二〇一一年、二〇一一年であった。つまり、この三部作のなかではじめに刊行されたのは『母が重くてたまらない』、通称「黄表紙」（表紙がビビッドな黄色であった）で、二〇〇八年のことである。本書はその三年後の二〇一一年に出版された。

本書でも記されているように黄表紙は大きな反響を呼んだわけだが、信田は「とりたてて新しいことを書いたというつもりもなかった」ため、それを意外に思ったという。それはよくわかる。家族の中で展開される地獄絵図は、私たちカウンセラーにとっては当たり前に存在しているものだからだ。毎日毎日そういった話を聞いていると、それが耳目《じもく》を引くような珍しい話だとは思わなくなる。一皮剝《む》けば、どこの家庭にでもある話だと思うようになる。

だが、世間の黄表紙への反応は、私たちカウンセラーにとって当然の「家族の話」は、世の中の多くの人にとっては当然ではないのだ、と教えてくれる。本書を読み、「やっぱりカウンセリングに来るような人の家庭は変なんだ」と考えるか、「実は家庭の中ではそうしたことがふつうに起こっているのかもしれない」と考えるかで、道は大きく分かれる。

人はみな、自分の見える狭い観測範囲をもって世界を理解した気になりがちである（カウンセラーも同様である）。幸福なことに、自らの家庭がDVや虐待、世代間の境界の侵犯などと無縁であったり、近しい人にもそのようなことがなかったりすれば、本書を縁遠い世界のものだと受け取るのは十分ありうることだろう。その場合、本書は娯楽小説として、「こんなひどい家庭があるんだな、それに比べて自分の家庭は恵まれているな」と自己肯定のための素材として消費される運命にあるのかもしれない。そうして「あちら側」と「こちら側」の間の壁は厚くなっていく。「あちら側」に追いやられることで、墓守娘の周囲から酸素が奪われ、呼吸が苦しくなっていくのは本書に描かれている通りである。

ならばカウンセラーは、私たちがクライアントから聞いた事実を世の中に訴え、社会の空気をこそ変えていかねばならない。それこそが、目の前の墓守娘を、そして私たちの前には姿を現さなくとも市井にあまた暮らしている墓守娘を救うことになるからだ。だが実際には、黄表紙や本書は、当時画期的であった。それは、多くのカウンセラーが本書に記されているような話をあまた聞いていたのにもかかわらず、信田以外のカウンセラーによって書かれることはなかったということを示している。なぜ、カウンセラーたちは書かなかったのだろうか。

歴史的に、カウンセラーは宣伝活動を控えてきた。カウンセラーは、いわゆる「人の不幸を飯の種にする」仕事である。だから宣伝をすることは「あなたの不幸で私を潤わせてください」というメッセージになりかねない。外部にそういった印象を与えるのはイメージ戦略として都合がよくないのはもちろんのこと、カウンセラー自身、わざわざ「苦しんでいる人の役に立ちたい」と思ってその職を志すわけで、自分を「善意の人」だと思いたいという事情もある。儲けるために「苦しんでいる人」から金を取っているという事実を直視することに心理的抵抗を覚えることは容易に想像できる。

さらに、心の問題は身体の問題と異なり目に見えないし、痛覚を生じさせることもない。ゆえに心の痛みは見て見ぬふりをすることが可能である。そうであるならば、本書のように、読者の蒙《もう》を啓《ひら》いて、わざわざ「自分は被害者なのだ」という認識を与えることは余計なお世話なのかもしれない。単にカウンセラーが収入を得るために、不幸を捏造《ねつぞう》しているだけなのかもしれない――自分のしている仕事がクライアントの役に立っているという手応えがないと、そう思いかねない。そんなふうに思っていれば、カウンセリングを宣伝することはやはりためらわれるだろう。結果、長くカウンセラーは宣伝をしなかった。

そんな中、信田は書いた。異端だった。信田はそれを、「原宿カウンセリングセンターの集客のため」と言って憚《はばか》らない。当たり前だ。原宿カウンセリングセンターは、非営利組織ではない。国からの補助金が入っているわけでもない。クライアントから支払われる料金だけで多くのスタッフの給与が賄われている。稼がなければならない。自分たちのためだけではない。そうしなければセンターは潰れ、クライアントは路頭に迷ってしまう。

そんな当然のことが、なぜかまかり通らない。心理業界にも同調圧力がある。出る杭は打たれる。周りと違うことをしていると陰口を叩かれる。本が売れたりした日には、「あいつは金のためにクライアントを食い物にしている」と言われる。「売れっ子」の信田は、そうした批判という仮面をかぶったやっかみに多く晒《さら》されてきたはずだ。

それでも、信田は書いた。書き続けた。私はそこに集客以外の動機を見てしまう。たしかに初期は集客のためだったかもしれない。だが今や、信田の名も、原宿カウンセリングセンターの名も、少なくともクライアント内や業界内では一定の評価を得ている。それに、信田は現在、現役のカウンセラーを退き、原宿カウンセリングセンターの顧問となっている。それでも信田は変わらず書き続けている。その動機を集客だけでは説明できないだろう。

では、彼女を書かせているものは何か。使命感だろう、と私は思う。信田の多くの著作の中で、それがもっとも色濃く反映されているのが本書である。信田自身、黄表紙を執筆した際には墓守娘の母親が変わることを諦めていた、しかしそれではまずいと思い直し本書を著したと述べている。「こんな私の悲壮な決意は、読者である多くの女性（墓守娘、という意味だろう）からの後押しで生まれた」。これを使命感と呼ばすして、なんと呼ぼう。

カウンセラーは、書かなかった。だが信田は、書いた。墓守娘が少しでも息をしやすくなるように、不都合な真実を社会に突きつけ続けた。いくら信田が否定しても、ここに使命感を見ないのは難しい。

信田は知を重視するカウンセラーである。情に訴えることをしない。情の無力を知っているからだ。情ではなく、知が人や世界を変える。そう各所で記している。だが珍しく、本書では信田の情が、墓守娘への（信田はこの言葉を嫌うだろうが）「愛」が、顔を覗かせているように思う。信田は自身が女性であることを前面に出すことを峻拒《しゅんきょ》する書き手である。しかしここでは先を行く女性として、墓守娘に、そしてその母親に語りかけている姿を隠さない。それは、彼女の、墓守娘やその母親への「愛」に他ならない。

信田の目線は、常にクライアントの方を向いている。だから彼女は書き続けた。そうした信田の姿勢こそ、カウンセラーとしてあるべきものだ。カウンセラーの後輩として、私はそう思う。執筆は、単なる宣伝ではなく、まだ見ぬクライアントを援助する最良の手段だ。だから私も、信田の使命感と愛を受け継ぎ、宣伝と援助が一緒くたになった執筆という活動を、今後も続けることとする。

（やまざき　たかあき／臨床心理士・公認心理師）

【参考文献】

『女ぎらい――ニッポンのミソジニー』上野千鶴子、紀伊國屋書店、二〇一〇年
『シズコさん』佐野洋子、新潮文庫、二〇一〇年
『愛の労働あるいは依存とケアの正義論』エヴァ・フェダー・キテイ、岡野八代・牟田和恵監訳、白澤社（現代書館）、二〇一〇年

【初出】

本書は、「Ｗｅｂ春秋」（http://www.shunjusha.co.jp/web_shunju/）の連載（二〇〇九年九月から二〇一〇年八月まで）を加筆訂正し、書き下ろしを加えたものです。

さよなら、お母《かあ》さん
墓守娘《はかもりむすめ》が決断《けつだん》する時《とき》

朝日文庫

2025年2月28日　第1刷発行

著　　者　信田《のぶた》さよ子《こ》

発 行 者　宇都宮健太朗
発 行 所　朝日新聞出版
〒104-8011　東京都中央区築地5-3-2
電話　03-5541-8832(編集)
03-5540-7793(販売)
印刷製本　大日本印刷株式会社

ISBN978-4-02-262109-2

朝日文庫

池谷　裕二
脳はなにげに不公平
パテカトルの万脳薬

人気の脳研究者が〝もっとも気合を入れて書き続けている〞週刊朝日の連載が待望の文庫化。読めば誰かに話したくなる！《対談・寄藤文平》

内田　洋子
イタリア発イタリア着

留学先ナポリ、通信社の仕事を始めたミラノ、船上の暮らしまで、町と街、今と昔を行き来して綴る。静謐で端正な紀行随筆集。《解説・宮田珠己》

上野　千鶴子
おひとりさまの最期

在宅ひとり死は可能か。取材を始めて二〇年、著者が医療・看護・介護の現場を当事者目線で歩き続けた成果を大公開。《解説・山中　修》

加谷　珪一
お金は「歴史」で儲けなさい

日米英の金融・経済一三〇年のデータをひも解き、波高くなる世界経済で生き残るためのヒントをわかりやすく解説した画期的な一冊。

川上　未映子
おめかしの引力

「おめかし」をめぐる失敗や憧れにまつわる魅力満載のエッセイ集。単行本時より一〇〇ページ増量！《特別インタビュー・江南亜美子》

ディーン・R・クーンツ著／大出　健訳
ベストセラー小説の書き方

どんな本が売れるのか？　世界に知られる超ベストセラー作家が、さまざまな例をひきながら、成功の秘密を明かす好読み物。